Paramhansa Yogananda

Die universelle LIEBE hinter all unseren BEZIEHUNGEN

Verlag Via Nova

Paramhansa Yogananda

Die universelle LIEBE hinter all unseren BEZIEHUNGEN

Verlag Via Nova

Übersetzung aus dem Englischen:
Ulrike Kraemer

Originaltitel:
Yogananda, Paramhansa
Spiritual Relationships
Crystal Clarity Publishers, Nevada City, CA 95959

Crystal Clarity Publishers
c/o Ananda Edizioni
Morano Madonnuccia, 7
06023 Gualdo Tadino (PG) Italy
Phone: +39-075-9148375
www.anandaedizioni.it

---

1. Auflage 2020
Verlag Via Nova, Alte Landstr. 12, 36100 Petersberg
Telefon: (06 61) 6 29 73
Fax: (06 61) 96 79 560
E-Mail: info@verlag-vianova.de
Internet: www.verlag-vianova.de
Umschlaggestaltung: Guter Punkt, München
Satz: Sebastian Carl, Amerang
Druck und Verarbeitung: C. H. Beck, 86720 Nördlingen

ISBN 978-3-86616-488-8

INHALT

EINFÜHRUNG

Paramhansa Yogananda geht in diesem Buch allen Beziehungen und dem ihnen innewohnenden göttlichen Potenzial auf den Grund und lässt vor unseren Augen eine wunderbare Vision des Lebens entstehen. Stets realistisch, praxisnah und zugleich unterhaltsam spricht Yogananda die offenkundigen Herausforderungen an, vor denen wir stehen, und gibt uns klare und wirkungsvolle Lösungen und Anleitungen an die Hand.

Paramhansa Yogananda kam 1920 aus Indien in die Vereinigten Staaten und brachte die Lehren und Techniken des Yoga, der uralten Wissenschaft vom Erwachen der Seele, in den Westen. Er war der erste Yogameister, der sich im Westen niederließ, und sein Buch *Autobiographie eines Yogi*, das die Faszination für die spirituellen Lehren des Ostens in den Abendländern weckte, wurde zur meistverkauften Autobiographie aller Zeiten.

Yoga ist die uralte Wissenschaft, bei der es darum geht, unsere Energien nach innen zu lenken, um spirituelles Erwachen zu bewirken. Yogananda lehrte die Menschen in Amerika nicht nur die praktischen und wirksamen Techniken der Meditation, sondern zeigte auch, dass diese Prinzipien auf alle Bereiche des Lebens anwendbar sind. Er war ein sehr erfolgreicher Schriftsteller, Redner und Komponist und lebte bis zu seinem Tod im Jahr 1952 insgesamt zweiunddreißig Jahre in Amerika.

Die in diesem Buch enthaltenen Beiträge stammen aus mehreren Quellen. Es sind Lektionen, die er in den 1920er und 1930er Jahren schrieb, Artikel, die vor 1943 in den Zeitschriften *Inner Culture* und *East West* veröffentlicht wurden, Auszüge aus seinem 1949 erschienenen Buch

Flüstern aus der Ewigkeit sowie Notizen seines engen Schülers Swami Kriyananda. Der größte Teil dieser Texte ist anderweitig nicht zu finden.

Mögen die Worte Yoganandas über spirituelle Beziehungen Ihr Leben mit mehr Klarheit, Inspiration und göttlicher Liebe erfüllen.

- Crystal Clarity Publishers

KAPITEL 1

FREUNDSCHAFT

Die Kunst, Freunde zu gewinnen

Freundschaft ist die Liebe Gottes, die aus den Augen der Menschen leuchtet, die du liebst, und die dich nach Hause zurückruft, um den Nektar der Einheit zu trinken, der alle Selbstsucht auflöst. Freundschaft ist der Posaunenruf Gottes, der die Seele bittet, die Trennwände zu zerstören, die sie von anderen Seelen und von ihm trennen. Wahre Freundschaft vereint zwei Seelen so vollständig, dass sie die Einheit des göttlichen Geistes widerspiegeln.

Wahre Freundschaft ist weitherzig und offen. Das selbstsüchtige Anhaften an einem einzigen Menschen, das alle anderen ausschließt, verhindert, dass göttliche Freundschaft entstehen kann. Dehne die Grenzen des leuchtenden Reichs deiner Liebe immer weiter aus, sodass es nach und nach deine Familie, deine Nachbarn, deine Gemeinschaft, dein Land, alle Länder – kurz gesagt, alle fühlenden Wesen – umfasst. Sei ein kosmischer Freund, erfüllt von Zuneigung und Güte gegenüber Gottes gesamter Schöpfung, und säe deine Liebe überall aus.

Damit du Freunde haben kannst, musst du Freundlichkeit manifestieren. Wenn du der unwiderstehlichen Kraft der Freundschaft die Tür öffnest, werden gleichschwingende Seelen zu dir hingezogen. Je freundlicher du zu *allen* wirst, umso mehr echte Freunde wirst du haben.

Wenn zwei Seelen wahre Freundschaft verbindet und sie gemeinsam nach spiritueller Liebe und nach der Liebe Gottes streben, wenn ihr einziger Wunsch darin besteht, einander zu dienen, dann entzündet ihre Freundschaft das Feuer des göttlichen Geistes. Durch vervollkommnete göttliche Freundschaft, durch gemeinsames Streben nach spiritueller Vollkommenheit, findet ihr den einen großen Freund.

Unfehlbare Gesetze der Freundschaft

Begegne einem Freund weder übermäßig vertraulich noch gleichgültig. Schränke ihn nicht ein, indem du ihm sagst: „Ich weiß alles über dich." Respekt und Liebe zwischen Freunden wachsen im Laufe der Zeit. Übergroße Vertrautheit erzeugt Geringschätzung zwischen zwei Menschen, die selbstsüchtig und materialistisch eingestellt sind und keinen Wert auf Inspiration oder persönliche Entwicklung legen. Je größer der Dienst ist, den Freunde einander erweisen, umso tiefer ist die Freundschaft. Warum hat Jesus eine so große Anhängerschaft? Weil er – wie die anderen großen Meister – in seinem Dienst an der Menschheit unerreicht ist.

Um Freunde zu gewinnen, musst du die Eigenschaften eines wirklichen Freundes besitzen. Blinde Freundschaft kann in plötzlichem, ebenso blindem Hass enden. Die Entwicklung von Weisheit und spirituellem Verständnis durch gemeinsame Anstrengung kann zwei Seelen durch die Gesetze ewigwährender göttlicher Liebe aneinander binden.

Das Fundament menschlicher Liebe und Freundschaft liegt im Dienen auf der materiellen, intellektuellen oder geschäftlichen Ebene. Beide sind kurzlebig und an Bedingungen geknüpft. Das Fundament göttlicher Liebe liegt im

Dienen auf der spirituellen und intuitiven Ebene. Sie ist ewig und nicht an Bedingungen gebunden.

Eine vollkommene Freundschaft – ob in der Herzensverbindung zwischen zwei Menschen oder in einer spirituellen Organisation – vervollkommnet jeden Einzelnen. In einem durch Freundschaft geläuterten Herzen erblickst du eine offene Tür der Einheit und solltest andere Seelen bitten, durch sie einzutreten – die, die dich lieben, ebenso wie die, die dich nicht lieben. Wenn die göttliche Freundschaft uneingeschränkt im Tempel deines Herzens herrscht, verschmilzt deine Seele mit der unendlichen kosmischen Seele und lässt die einengenden Fesseln, die sie von Gottes gesamter Schöpfung getrennt haben, weit hinter sich zurück.

Betrachte niemanden als Fremden. Mache dich mit dem Gefühl vertraut, jeden Menschen als mit dir verwandt zu sehen. Die Liebe innerhalb der Familie ist im Kurs des göttlichen Lehrers zum Thema Freundlichkeit lediglich eine der ersten Übungen. Sie soll dein Herz auf eine alles umfassende Liebe vorbereiten. Spüre, dass das Lebensblut Gottes in den Adern jeder menschlichen Rasse fließt. Wie kann jemand es wagen, einen Menschen, gleich welcher Rasse, zu hassen, wenn er weiß, dass Gott in allen lebt und atmet? Wir sind nur wenige Jahre ein Hindu oder ein Amerikaner, aber auf ewig Gottes Kind. Die Seele lässt sich nicht innerhalb menschengemachter Grenzen einsperren. Ihre Nationalität ist reiner Geist, ihr Land ist Allgegenwärtigkeit.

Das bedeutet nicht, dass du alle Menschen und Geschöpfe persönlich und einzeln kennen und lieben musst. Sei lediglich zu jeder Zeit bereit, das Licht des freundschaftlichen Dienens über allen lebenden Geschöpfen leuchten zu lassen, denen du begegnest. Das erfordert eine ständige geistige Willensanstrengung und Bereitschaft – mit anderen Worten: Selbstlosigkeit. Die Sonne scheint auf den Diamanten wie auf die Kohle gleichermaßen, aber der eine hat Qualitäten entwickelt, die es ihm ermöglichen, das Sonnenlicht strahlend zu reflektieren, während die andere das Sonnenlicht vollständig absorbiert. Tue es im Umgang mit Menschen dem Diamanten gleich. Spiegele strahlend das Licht von Gottes Liebe wider.

Warum deine Feinde lieben?

Das Geheimnis von Christi Stärke lag in der Liebe, die er für alle Menschen und sogar für seine Feinde empfunden hat. Weit besser, das Herz eines Menschen, der dich hasst, durch Liebe zu erobern, als ihn mit anderen Mitteln zu besiegen. Eine solche Lehre erscheint dem gewöhnlichen Menschen absurd. Er will für die eine Ohrfeige, die er erhalten hat, zehn Ohrfeigen und obendrein noch zehn Fußtritte zurückgeben. Warum solltest du deinen Feind lieben? Liebe ihn, damit du die heilenden Strahlen deiner Liebe in sein hasserfülltes Herz hineinströmen lassen und die Trennwände des Elends fortbrennen kannst, die deine Seele von der Seele eines anderen Menschen trennen.

Vermeide alles, was dir selbst oder einem anderen Menschen schadet. Wenn du ausschweifend bist oder einen Freund ermutigst, seinen Lastern zu frönen, bist du ein Feind, der sich als Freund maskiert hat. Du erlangst die Freundschaft Gottes, indem du dir selbst treu und anderen

Menschen ein treuer Freund bist. Deine Liebe dehnt sich aus, bis sie zu der einen, einzigen Liebe wird, die durch alle Herzen strömt.

Das Herz der Freundschaft

Ich bleibe in den Herzen als der unbekannte Freund, erwecke sie unaufhörlich zu leidenschaftlichen Gefühlen, mahne sie still durch ihre eigenen erhabenen Gedanken, ihren irdischen Schlummer aufzugeben.

Ich sehe den Menschen, der sich nun für meinen Feind hält, in Wahrheit als meinen göttlichen Bruder an, der sich hinter einem Schleier falschen Verstehens verbirgt. Ich werde diesen Schleier mit dem Dolch der Liebe zerreißen, sodass er im Angesicht meines demütigen, verzeihenden Verstehens die Gabe meines guten Willens annimmt.

Die Tür meiner Freundlichkeit steht jederzeit gleichermaßen für die Brüder offen, die mich hassen, wie für die, die mich lieben.

Ich empfinde für andere, wie ich für mich selbst empfinde. Ich mühe mich um meine Erlösung, indem ich meinem Mitmenschen diene.

Der gesellschaftliche Weg zur Allgegenwärtigkeit

Der gesellschaftliche Weg zur Erlangung des kosmischen Bewusstseins besteht darin, den Keim göttlicher Liebe in der Seele auszudehnen. Eine zu große Liebe zum eigenen Ego beschränkt die Seele auf die Grenzen des Leibes. Die Seele ist ein allgegenwärtiges Spiegelbild des alles durchdringenden göttlichen Geistes. Das Ego ist das an den Körper gebundene Bewusstsein der Seele. Die Seele als Ego vergisst ihre Allgegenwärtigkeit und glaubt, durch den Körper begrenzt zu sein.

Wenn das Ego sich durch praktische Anteilnahme in anderen Körpern zu spüren beginnt, erlangt es seine vergessene Allgegenwärtigkeit nach und nach zurück. Anders als der kurzsichtige weltliche Mensch arbeitet die göttliche Seele nicht nur in einem Körper für sich, sondern auch im Körper anderer Menschen. Du musst lernen, Nahrung, Wohlstand, Heilung oder Weisheit für dich nicht nur in einem Körper, sondern in allen Körpern zu suchen.

Der gesellschaftliche Weg zur Entwicklung des kosmischen Bewusstseins besteht darin, deine Familie, deine Nachbarn, dein Land und die ganze Welt als dich selbst zu lieben. Du bist der König und das Königreich deiner Liebe schließt nicht nur alle Menschen, sondern auch Tiere, Blumen, Sterne und alle lebenden Geschöpfe ein. Liebe alle Männer als deine Brüder, liebe alle Frauen als deine Schwestern, liebe alle älteren Männer und Frauen als deine Eltern und liebe alle Menschen – ob von schwarzer, brauner, gelber, weißer, roter oder olivfarbener Hautfarbe – als deine Freunde und Brüder. Dies ist der gesellschaftliche Weg, das kosmische Bewusstsein zu erlangen.

Die Weisheit, die der Freundschaft innewohnt

Manche Seelen sind augenblicks mit uns verbunden. Andere, denen wir oftmals begegnen, bleiben auf ewig unbekannt.
Und dennoch flüstert die Weisheit:
„Dich und den Unbekannten gleichermaßen zu lieben, das ist der Weg des Himmels."

Was ist wahre Freundschaft?

Freundschaft ist die universelle spirituelle Anziehung, die Seelen im Band der göttlichen Liebe vereint. Wenn du der unwiderstehlichen Kraft der Freundschaft die Tür öffnest, fühlen sich Seelen mit gleicher Schwingung zu dir hingezogen. Freundschaft ist eine Manifestation der Liebe, die Gott für dich empfindet. Sie wird durch deine Freunde zum Ausdruck gebracht, die zum wertvollsten Besitz eines Menschen gehören.

Du ziehst die Menschen an, die dir ähnlich sind. So lautet das Gesetz der Schwingung. Freundschaft ist ewig. Die größte Freundschaft, die du schließen kannst, ist die Freundschaft, die Gott in dir erweckt.

Wahre Freundschaft besteht darin, gemeinsam nach Seelenentwicklung zu streben. Freundschaft darf nie einen materiellen Zweck oder ein angestrebtes Ergebnis im Blick haben. Freundschaft ist ein ständig wachsendes Bewusstsein der Ebenbürtigkeit und die Verbindung von Seelen ohne irgendein physisches Ziel.

Allein das gemeinsame Erlangen von Weisheit und intuitivem Verständnis vermag zwei Seelen durch die Gesetze universeller göttlicher Liebe aneinander zu binden, die keine Bedingungen kennt und deren Fundament im Dienst auf den spirituellen Ebenen liegt.

Freundschaft ist die reinste Form der Liebe. Die Liebe von Eltern zu ihren Kindern birgt Zwang, die Kindesliebe birgt Zwang, die Liebe von Liebenden birgt Zwang, aber die wahre Freundschaft kennt keinen Zwang. Dienlichkeit ist Liebe. Wenn du die Liebe von Freunden oder der Welt erlangen willst, musst du ihnen dienlich sein.

Sei deinen Feinden ein Freund

Du musst sogar deinem Feind ein Freund sein, denn wenn du zum Feind deines Feindes wirst, dann vergrößerst du seinen Zorn und machst ihn zu einem noch größeren Feind. Jeder, der versucht, andere Menschen zu verletzen, der verletzt zuerst sich selbst. Du kannst andere Menschen nicht hassen, ohne zuerst dich selbst zu vergiften. Andere

Menschen zu hassen, läuft deinem eigenen Interesse zuwider.

Denke daran, dass Gott ebenso sehr in deinem Feind wohnt wie in deinem Freund. Wenn du Gott sowohl in denen erkennst, die dich lieben, als auch in denen, die dich hassen, wenn du die alles durchdringende Liebe Gottes siehst, dann erkennst du seine Allgegenwärtigkeit.

Hass pflanzt sich durch den Äther fort. Wenn jemand Hass aussendet und du auf diesen Hass eingestellt bist, empfängst du ihn. Wenn du dagegen auf die Liebe eingestellt bist, empfängst du ihn nicht, ganz gleich, wie viele hasserfüllte Schwingungen ausgesandt werden. Kultiviere die Liebe in deinem Herzen, denn die Liebe ist der Magnet, der Seelen zu dir hinzieht, und sie ist der Dolch, der Hass zerstört.

In reiner Freundschaft findest du Gott. Wenn du ein wahrer Freund sein willst, musst du die Seele erkennen. Wenn du dich als Seele betrachtest, kannst du ein vollkommener Freund sein. Wenn du nicht freundlich bist, missachtest du das göttliche Gesetz der Selbsterweiterung, durch das allein deine Seele zum reinen Geist werden kann. Du erlangst die Freundschaft Gottes, indem du dir treu und anderen Menschen ein wahrer Freund bist.

Der göttliche Zweck der Freundschaft

Freundschaft ist die universelle spirituelle Anziehung, die Seelen im Band der göttlichen Liebe vereint. Der reine Geist war EINS. Durch das Gesetz der Dualität wurde er ZWEI – positiv und negativ. Durch das Gesetz der Unendlichkeit, das auf das Gesetz der Relativität angewendet wurde, wurde er VIELE. Nun strebt der EINE in den VIELEN danach, die VIELEN zu vereinigen und wiederum EINS zu werden. Dieses Bemühen des reinen Geistes, VIELE Seelen zu vereinigen, damit sie EINS werden, wirkt durch unsere Emotionen, unsere Intelligenz und unsere Intuition und findet Ausdruck in der Freundschaft.

Freundschaft

Ist Freundschaft das innige Verwobensein zweier Herzen?
Ist sie das Verschmelzen zweier Seelen zu einer umfassenden Allseele?
Ist sie das Zusammenfließen von Liebesquellen,
Um die nach Liebe dürstenden Seelen zu erquicken?
Ist sie die Rose, die zwischen zwei Zweigen
Am gleichen mitfühlenden Stamm wächst?
Ist sie das gleiche Denken in zwei verschiedenen Körpern?
Oder gleicht sie zwei starken Rössern,
So verschieden in Erscheinung und Gebaren,

Die zusammen den Streitwagen des Lebens ziehen
Mit einem einzigen Ziel im gemeinsamen Blick?
Ist Freundschaft auf Gleichheit oder Ungleichheit gegründet?
Ist sie auf mannigfaltigen Unterschieden aufgebaut?
Ist Freundschaft das bedenkenlose Einverstandensein,
Die blinde Wanderung zweier Seelen, Hand in Hand,
Die sich töricht ihrer vereinten Torheit erfreuen,
Und schließlich in den Abgrund der Enttäuschung stürzen?

Freundschaft ist edel, fruchtbar, heilig!
Wenn zwei Seelen auf verschiedenen Straßen wandern
Und doch in Harmonie, einig und uneinig,
Mit innerem Eifer auf eigene Art sich entwickeln
Und gemeinsam nach wahrer, tröstender Freude verlangen.
Wenn der Liebende niemals versucht,
Selbstsüchtig Trost auf Kosten des Geliebten zu finden,
Dann erblüht im Garten der Selbstlosigkeit
Die duftende Blüte vollkommener Freundschaft.
Denn Freundschaft ist von zweierlei Herkunft, aus zwei Seelen geboren,
Der Duft zweier ungleicher Blüten,
Die der Hauch liebevoller Umarmung vereint.
Freundschaft ist geboren aus dem tiefsten Kern
Geheimer, unerklärlicher Zuneigung.
Freundschaft ist der Quell wahrer Gefühle.
Freundschaft wächst in der Gleichheit wie auch im Unterschied.
Freundschaft schläft oder stirbt in der Vertraulichkeit
Und vergeht in den Lüsten engherziger Selbste.

Freundschaft wächst zu Stärke und Standhaftigkeit heran
Im Boden des Einsseins von Körper, Seele und Geist.
Forderung, Täuschung, Besitzdenken,
Mangel an Höflichkeit, engstirnige Eigenliebe, Misstrauen
Sind Geschwüre, die am Herzen der Freundschaft nagen.
O Freundschaft! Köstliche Blume des Himmels!
Dich nährt der Boden unermesslicher Liebe,
Wenn zwei Menschen einander den Weg ebnen
Und gemeinsam nach Seelenentwicklung streben.
Dich tränken die zarte Zuneigung
Und der liebliche Tau innerer und äußerer Süße
In der innigen, selbstlosen Hingabe des Herzens.
O Freundschaft! Wo deine duftenden Seelenblüten fallen –
Dort, in diesen heiligen Tempel
Will der Freund aller Freunde kommen, um ewig zu verweilen!

Der Instinkt der Freundschaft

Gottes Bemühen, die durch Zwietracht zerrissene Welt zu einen, manifestiert sich in deinem Herzen als Instinkt der Freundschaft.

Bemühe dich nach Kräften, deine Freunde aus vergangenen Inkarnationen wiederzufinden. Du erkennst sie an dir vertrauten körperlichen, intellektuellen und spirituellen Eigenschaften. Wachse über die Erwägungen materiellen oder spirituellen Gewinns hinaus und vervollkommne deine in einer vorhergehenden Inkarnation begonnene Freundschaft, damit sie zu einer göttlichen Freundschaft werden kann.

Wenn die göttliche Freundschaft uneingeschränkt im Tempel deines Herzens herrscht, dann verschmilzt deine Seele mit der unendlichen kosmischen Seele und lässt die einengenden Fesseln, die sie von Gottes gesamter belebter und unbelebter Schöpfung getrennt haben, weit hinter sich zurück.

KAPITEL 2

DIE TORHEIT DER SELBSTSUCHT

Urteile

Immer wenn du aus Liebe zum Tratsch oder aus der Macht der Gewohnheit heraus schlecht über einen anderen Menschen redest, denke daran, dass dein himmlischer Vater auf die gleiche Weise über dich urteilt. Was du aussendest, das ziehst du an. Wenn du die Schwächen anderer Menschen verbreitest, sorgt das göttliche Gesetz auf rätselhafte Weise dafür, dass deine eigenen inneren Fehler ans Licht der Öffentlichkeit geraten.

Tratsch vermag den Menschen, über den geredet wird, niemals zu heilen. Er macht ihn nur zornig oder zutiefst verzweifelt und beschämt. Er stärkt seine Entschlossenheit, auch künftig schlecht zu handeln. Ein Sprichwort lautet: „Der Mann, der ein Ohr verloren hat, geht am Rand entlang durch das Dorf. Er zeigt den Dorfbewohnern sein gutes Ohr und verbirgt das Ohr, das er verloren hat. Der Mann, der beide Ohren verloren hat, geht durch die Mitte des Dorfes, da er sich vor niemandem verbergen kann."

Jeder Mensch, dessen moralische Fehler übermäßig bloßgestellt werden, gerät in Verzweiflung und verliert seine Scham wie der Mann, der beide Ohren verloren hat, und darum bemüht er sich nicht um Besserung. Aus diesem Grund darfst du nicht auf eine Weise urteilen, die den Menschen verletzt, über den du urteilst.

„Urteile nicht über andere, sondern über dich selbst." Wenn du gerne laut über die Fehler anderer Menschen redest, dann befriedige diese Lust, indem du laut über deine eigenen heimlichen Fehler redest, und schau einmal, wie es dir gefällt. Wenn du es nicht erträgst, dass deine eigenen Fehler auch nur eine Minute lang ans Licht der Öffentlichkeit gelangen, darfst du auch keine Freude daran haben, die Fehler anderer bloßzustellen.

Das Schlechte, das du über andere verbreitest, wird übertrieben und die Menschen sind bereit, die verurteilte Person zu kreuzigen, ohne die Umstände zu kennen, die sie zu ihrem moralisch verwerflichen Tun getrieben haben. Die Angst vor öffentlicher Bloßstellung führt in seltenen Fällen natürlich dazu, dass Menschen gut handeln, aber ein Mensch verliert den Wunsch, gut zu sein, wenn seine Fehler ans Licht der Öffentlichkeit gelangen. Hinzu kommt, dass eine kleine Schwäche im Licht der Öffentlichkeit groß erscheint, während Menschen mit weit größeren Schwächen unbemerkt bleiben.

Wenn es geistigen Schmutz in deinem eigenen inneren Zuhause gibt, dann mache dich daran, ihn zu beseitigen, und vergeude keine Zeit damit, über den geistigen Schmutz anderer Menschen zu reden. Selbsternannte Kritiker sind für gewöhnlich diejenigen, die vergessen, ihre eigenen inneren Schwächen prüfend zu hinterfragen. Sie glauben, bei ihnen sei alles in Ordnung, weil sie die Fehler anderer Menschen erkennen können. Verbirg dich nicht hinter diesem irrigen Vorwand. Wenn du selbst nicht frei von Fehlern bist, hast du auch kein Recht, anderen zu erklären, wie sie sich von genau den Fehlern befreien können, die dich heimsuchen.

Nur ein gütiger, weiser und vollkommen ausgeglichener Mensch ist in der Lage, andere Menschen auf ihre Fehler hinzuweisen. Das Gesetz von Ursache und Wirkung besagt, dass dir, wenn du mit Güte über andere Menschen urteilst, vom Prinzip der höchsten Wahrheit, das insgeheim alles Leben lenkt, dieselbe Behandlung zuteilwird. Wenn du herzlos über andere Menschen urteilst, ziehst du die negative Kritik anderer Menschen auf dich, die dazu führt, dass du dich jämmerlich fühlst.

Es ist nicht weise, die Schwächen anderer Menschen zu offenbaren, sie in Verlegenheit zu bringen und zu verärgern. Ein grausames Urteil über das falsche Handeln anderer Menschen lässt dich vergessen, dass der Sünder nur ein mit Irrtum geschlagenes Kind Gottes ist. Du solltest die Sünde hassen, nicht aber den Sünder, denn er ist dein eigener göttlicher Bruder, dessen Verstehen durch Nichtwissen verdunkelt ist. Ein Urteil darf allein dem Zweck der Heilung, nicht aber als das unbarmherzige Ventil des Zorns dienen. Wir sollten die mit Irrtum geschlagene Person so behandeln, wie wir behandelt werden wollten, wenn wir selbst mit Irrtum geschlagen wären. Im gleichen Geist, in dem wir über andere urteilen, urteilt das göttliche Gesetz über uns.

Unfreundlichkeit

Unfreundliche Worte sind die rücksichtslosen Mörder heimischer Harmonie und lebenslanger Freundschaften. Verbanne sie für alle Zeit von deinen Lippen und bewahre damit dein häusliches Leben vor Schwierigkeiten. Aufrichtige, schöne Worte sind Nektar für durstige Seelen.

Mache dich attraktiv, indem du das feine Gewand aufrichtiger, höflicher Sprache anlegst. Sei zunächst höflich gegenüber deinen direkten Angehörigen. Wenn dir dies gelingt, bist du aus Gewohnheit freundlich zu allen Menschen. Das Fundament wahren Familienglücks ruht auf dem Altar des Verstehens und der freundlichen Worte.

Freundlichkeit bedeutet nicht, dass du mit allem einverstanden sein musst. Wenn du aber einmal anderer Meinung bist, bleibe stets ruhig und höflich. Es ist menschliche Schwäche, zornig zu werden und zu schimpfen, aber es zeugt von göttlicher Stärke, wenn es dir gelingt, die wilden Hengste deiner Sprache und deines Temperaments im Zaum zu halten. Gebärde dich stets anständig, ganz gleich, worin die Provokation besteht, und zeige durch ruhiges Schweigen oder aufrichtige, freundliche Worte, dass deiner Freundlichkeit größere Macht innewohnt als der Hässlichkeit des anderen Menschen. Im sanften Licht deiner Vergebung löst der Hass deiner Feinde sich auf.

Überempfindlichkeit

Empfindlichkeit rührt daher, dass wir keine Kontrolle über unser Nervensystem haben. Mitunter zieht ein Gedanke durch unseren Geist, gegen den die Nerven aufbegehren. Selbst wenn es einen Grund gibt, aufgebracht zu sein, sollte man nicht empfindlich reagieren oder in Aufregung geraten. Wenn du glaubst, dass es einen Grund gibt, aufgebracht zu sein, und dich dennoch beherrschst, bist du Meister deiner selbst.

Wir sollten kein Selbstmitleid empfinden, da es unsere Überempfindlichkeit verstärkt. Du hegst vielleicht einen Groll wegen einer Sache und niemand weiß, worin er besteht. Es ist am besten, einen Blick in dein Inneres zu werfen, um die Ursache deiner Empfindlichkeit zu beseitigen.

Viele Menschen glauben, dass Selbstmitleid ihnen ein wenig Erleichterung bringt, aber Selbstmitleid ist ein Suchtmittel wie Opium. Jedes Mal, wenn der Opiumabhängige die Droge nimmt, versinkt er tiefer in der Gewohnheit. Stehe fest wie ein Felsen gegen Selbstmitleid.

Du musst imstande sein, deine Launen unverzüglich zu beherrschen. Wenn die Flamme der Empfindlichkeit sich in dein Herz frisst und du ihr erlaubst, dort zu verweilen, frisst sie sich in die Fasern deines Friedens. Du musst imstande sein, sie selbst einzudämmen in dem Wissen, dass Überempfindlichkeit nichts anderes ist als ein Mittel des Satans, der versucht, deinen Frieden zu zerstören. Empfindlichkeit in deinem Herzen gleicht der Statik im Radio deiner Seele und trennt dich vom göttlichen Lied des

Friedens, das du in dir vernehmen könntest, wenn du nicht überempfindlich wärest. Wenn ein Gefühl der Empfindlichkeit in dir hochkommt, versuche deine Emotionen zu beherrschen und gib nicht anderen Menschen die Schuld. Übernimm selbst die Verantwortung dafür. So kannst du dich von ihr befreien.

Destruktive Kritik

Es gibt zwei Formen von Kritik: konstruktiv und destruktiv. Wenn Menschen dir die an ihnen geäußerte Kritik verübeln, ist es destruktive Kritik. Konstruktive Kritik besteht darin, Freunden, die deine Hilfe wollen und dich darum gebeten haben, Rat zu erteilen, der ihre Seele erwachen lässt. Konstruktive Kritik wird auf liebevolle Weise geäußert.

Es ist nicht einfach, andere Menschen zutreffend und dennoch liebevoll zu kritisieren, solange du nicht Vollkommenheit darin erlangt hast, zuerst dich selbst zu kritisieren. Wenn du die Fehler anderer Menschen klar erkennen und sie so verständnisvoll anschauen kannst, als ob es deine eigenen Fehler wären, dann ist deine Kritik zutreffend.

Innere Kritik ist schlimmer als Kritik, die in Worte gefasst wird. Es ist sehr töricht, andere Menschen stumm zu kritisieren. Befreie deinen Geist von aller negativen Kritik gegenüber anderen Menschen.

Kritisiere andere Menschen liebevoll mit einem Blick. Kritisiere sie liebevoll mit einem Hinweis. Wenn andere

Menschen um deine Kritik bitten, äußere sie mit so wenigen Worten wie möglich. Wiederhole deinen Hinweis nicht häufiger als zweimal. Lasse deine liebevolle Kritik als Samenkorn zurück, um im Boden empfangsbereiter Seelen zu keimen. Wenn sie diese Samen kultivieren wollen, so ist es ihr Vorrecht. Du kannst andere Menschen nicht zwingen, das zu tun, was du willst. Mit der richtigen Kritik zum richtigen Zeitpunkt kannst du den Menschen eine große Hilfe sein.

Wenn die Schuppen des Nichtwissens von deinen inneren Augen abfallen, wirst du imstande sein, die guten Seiten und auch die Schwierigkeiten anderer Menschen zweifelsfrei zu beurteilen. Du wirst nicht nur lernen, tolerant zu sein. Du wirst lernen, nur das Gute zu verehren und gleichgültig gegenüber allem zu sein, was dir abträglich ist.

Wir vergeben uns selbst unter allen Umständen. Warum sollten wir nicht auch anderen Menschen unter allen Umständen vergeben? Wenn wir im Irrtum sind, reden wir nur ungern über unsere Fehler, aber wenn andere Menschen im Irrtum sind, posaunen wir ihre Fehler gerne sofort hinaus. Wenn die göttliche Liebe dein Herz besitzt, wirst du zum göttlichen Kritiker. Ein göttlicher Kritiker ist ein Heiler, der sich mutig der unangenehmen Verantwortung stellt, seine Kinder zu berichtigen, und dabei nur ein Ziel im Blick hat – sie zu besseren Menschen zu machen.

Neid

Wenn du eine von Natur aus unscheinbare Person bist und Neid gegenüber den Frauen empfindest, die von Natur aus schön sind, dann wende alle sinnvollen Schönheitstricks an, um deine Attraktivität zu erhöhen. Noch besser: Wenn du einen hässlichen Körper hast, ziere deine Seele mit dem reichen Schmuck der Aufrichtigkeit, einer unwiderstehlichen Persönlichkeit, einem berauschenden und ansteckenden Lächeln, ausgesuchter Kultiviertheit und großer Tüchtigkeit, damit du den Forderungen und dem Temperament selbst der anspruchsvollsten Person gerecht wirst.

Erinnere dich daran, was dich wirklich schön macht. Ein schöner Körper mit einer wertlosen Seele ist nichts als ein Skelett, das sich in der polierten Grabkammer des Fleisches verbirgt. Leben und handeln, als ob du keine Seele hättest, ist so, als wärest du tot.

Wenn du auf die körperliche Ausstattung eines anderen Menschen neidisch bist, übe dich unaufhörlich darin, deine inneren Qualitäten zu verfeinern, bis du dich mit den verlockenden spirituellen Qualitäten einer fortgeschrittenen Seele schmücken kannst. Verschönere dein Antlitz mit einem gewinnenden Lächeln, das alle Melancholie vertreibt. Setze das Lächeln auf, das von einem reinen Gewissen, rechtem Handeln, Harmlosigkeit sowie einem angenehmen inneren und äußeren Wesen herrührt.

Wenn dein eigener Gesundheitszustand schlecht ist und du auf die gute gesundheitliche Verfassung eines anderen Menschen neidisch bist, befolge alle Gesundheitsregeln genau, geduldig und beharrlich, bis du wieder kerngesund bist.

Neid ist sowohl konstruktiv als auch destruktiv. Wenn der Neid ein Vorbote positiver Ergebnisse ist, dann ist er nützlich und konstruktiv. Wenn der Neid auf deinen erfolgreicheren geschäftlichen Rivalen dich dazu bringt, dein Bemühen auf verstärkte Aktivitäten und das Erzielen größerer Erfolge zu richten, kann er von Vorteil sein. Ohne entsprechende Vorsichtsmaßnahmen kann konstruktiver Neid sich jedoch rasch in destruktiven Neid verwandeln. Destruktiver Neid ist niederträchtig und gefährdet die Interessen des neidischen Menschen ebenso wie das Objekt seines Neides.

Schmeichelei und Wahrheit

Es ist immer gut, die Wahrheit zu sagen. Besser ist es allerdings, angenehme Wahrheiten auszusprechen und unangenehme Äußerungen zu vermeiden, auch wenn sie wahr sind. Einen lahmen Mann mit den Worten „Hallo, lahmer Mann“ anzusprechen, mag zwar wahr sein, ist jedoch eine unangenehme und äußerst verletzende Wahrheit und sollte vermieden werden. Es ist schlecht, jemand anderen zu kritisieren, wenn Kritik nicht erwünscht ist, aber es ist von Vorteil, auf freundliche Kritik *zu hören*, und es ist bewundernswert, scharfe, aber wahre Kritik mit einem Lächeln und einem Gefühl dankbarer Wertschätzung ertragen zu können.

Schmeicheleien mögen gut sein, wenn sie andere Menschen zum rechten Handeln ermutigen, sind aber abträglich, wenn sie dazu dienen, eine spirituelle Verletzung zu verbergen, sie schwären lassen und die Seele durch Nichtwissen vergiften. Wir alle mögen Schmeicheleien, so wie viele Menschen unwissentlich vergifteten Honig essen würden. Ebenso gerne entschuldigen wir unsere Fehler vor uns selbst und verbergen dicke psychologische Eiterbeulen, die aufbrechen und unser spirituelles Leben vergiften können.

Die Schmeicheleien anderer Menschen und die tröstenden Einflüsterungen unserer eigenen Gedanken treffen süß auf unsere Ohren. Unsere menschliche Weisheit ist oftmals in den Händen schmeichelnder Worte gefangen, die sie vergiften. Viele Menschen verlieren bereitwillig Geld, Zeit, ihre Gesundheit und sogar ihren Charakter, um die süßen, irreführenden Worte schmarotzerischer „Freunde" zu hören.

Ein Heiliger hatte einmal einen Freund, der ihn – zum großen Ärger seiner Schüler – dauernd kritisierte. Eines Tages kam einer seiner Schüler zu ihm und jubelte: „Meister, Euer Feind, der ständige Nörgler, ist tot." Der Meister brach in Tränen aus und sagte: „Mein bester spiritueller Kritiker ist tot. Mein Herz ist gebrochen."

Die meisten Menschen ziehen Schmeicheleien intelligenter Kritik vor und würden sich bereitwillig von einer Klippe herabstürzen, um die offenen Worte freimütiger spiritueller Lehrer zu widerlegen. Immer dann, wenn jemand dich – sanft oder scharf – kritisiert, stelle dir also die Frage: „Wurde ich von süßen Worten verführt und habe zugelassen, dass Schmeicheleien meine Weisheit gefangen genommen haben?“

Zur Erinnerung

Du kannst nicht Gott lieben und zugleich schlecht zu deinen Mitmenschen sein. Du kannst nicht Gott lieben und zugleich von Zorn erfüllt sein. Dein Verhalten gegenüber anderen Menschen bestimmt dein inneres Bewusstsein und spiegelt es wider.

Glaube niemals, die Liebe Gottes erlangen zu können, wenn es dir nicht gelingt, die Liebe deiner Mitgeschöpfe zu erlangen. Wie du ihn liebst, so solltest du ihn in allen und allem lieben.

O Brunnen der Liebe, gib uns das Gefühl, dass unser Herz und die Liebe zu unseren Lieben von deiner allgegenwärtigen Liebe durchdrungen sind. O große Quelle des Stroms unserer Wünsche, lehre uns, nicht zu versiegen oder uns im Sand kurzlebiger Sinnesbefriedigungen zu verlieren. Segne uns, auf dass die Rinnsale unseres Mitgefühls, unserer Zuneigung und unserer Liebe sich nicht in der Dürre öder Selbstsucht verlieren.

KAPITEL 3

ANDEREN MENSCHEN EIN FREUND SEIN

Dienen ist der Leitgedanke der Freundschaft

Kultiviere wahre Freundlichkeit, denn nur so ziehst du wahre Freunde zu dir hin. Wahre Freundschaft besteht darin, einander dienlich zu sein, deinen Freunden gute Laune in der Verzweiflung, Mitgefühl im Kummer, Rat bei Schwierigkeiten und materielle Hilfe in Zeiten wirklicher Not anzubieten. Freundschaft besteht darin, über das Glück deiner Freunde zu frohlocken und in widrigen Zeiten mit ihnen zu fühlen. Freundschaft verzichtet zugunsten des Glücks eines Freundes freudig auf selbstsüchtiges Vergnügen oder eigene Interessen ohne das Gefühl, deshalb etwas verloren oder geopfert zu haben, und ohne dabei an sich selbst zu denken.

Sei einem Freund gegenüber niemals sarkastisch. Schmeichle ihm nur dann, wenn du ihn ermutigen möchtest. Stimme ihm nicht zu, wenn er im Unrecht ist. Echte Freundschaft kann dem falschen, abträglichen Vergnügen eines Freundes nicht gleichgültig zuschauen. Das bedeutet nicht, dass ihr euch streiten müsst. Rate deinem Freund im Geiste oder, wenn um deinen Rat gebeten wird, erteile ihn liebevoll und behutsam. Narren streiten sich. Freunde sprechen über ihre Unterschiede.

Es gibt Menschen, die niemandem vertrauen und die zutiefst bezweifeln, dass sie jemals echte Freunde haben können. Manche prahlen tatsächlich sogar damit, dass sie ohne Freunde zurechtkommen. Wenn du nicht freundlich bist, missachtest du das göttliche Gesetz der Selbsterweiterung, durch das allein deine Seele zum reinen Geist werden kann. Wer keine Zuversicht in den Herzen anderer Menschen erweckt, wer nicht imstande ist, das Reich seiner Liebe und seiner Freundlichkeit in andere Seelenterritorien hinein auszudehnen, der kann nicht darauf hoffen, sein Bewusstsein in das kosmische Bewusstsein hinein zu erweitern. Wenn du menschliche Herzen nicht erobern kannst, kannst du auch das kosmische Herz nicht erobern.

Die Bedeutung des Umfeldes

Dein Umfeld und der Umgang, den du pflegst, sind von zentraler Bedeutung. Dein äußeres Umfeld und dein inneres Umfeld steuern gemeinsam dein Leben und formen deine Gewohnheiten und Geschmacksvorlieben. Umfeldbedingte Schwierigkeiten rühren von deinen bewussten oder unbewussten Handlungen in der Vergangenheit her. Du musst dir selbst die Schuld daran geben, darfst aber keinen Minderwertigkeitskomplex darüber entwickeln. Prüfungen wollen dich nicht zerstören, sondern dazu bringen, Gott in höherem Maße wertzuschätzen. Gott schickt dir diese Prüfungen nicht – du hast sie selbst herbeigeführt. Alles, was du tun musst, ist, dein Bewusstsein aus dem Umfeld der Unwissenheit zu befreien.

Denke daran, dass Gott über das innere geistige Umfeld eines Menschen urteilt. Man kann im Herzen ein Sünder sein und dennoch in der Gesellschaft von Heiligen leben oder man kann ein Heiliger sein, der in der Gesellschaft von Übeltätern lebt. Sünder und Heilige werden vorwiegend durch die Gesellschaft geschaffen, in der sie verkehren. Wenn ein Sünder bereit ist, sich zu bessern, und in der Gesellschaft von Heiligen lebt, wird er sich fast zwangsläufig ändern, während ein sorgloser spiritueller Mensch in der Gesellschaft von sündhaften Menschen verdirbt. Unser inneres geistiges Umfeld wird von frühester Kindheit an durch unser äußeres Umfeld geformt. Dieses innere Umfeld aus Gedanken und Gewohnheiten lenkt automatisch unser Handeln.

Das Geheimnis eines glücklichen Umfeldes

Wenn du geliebt werden willst, fange an, andere Menschen zu lieben, die deine Liebe brauchen. Wenn du willst, dass andere Menschen mit dir mitfühlen, fange an, mit den Menschen in deiner Umgebung mitzufühlen. Wenn du respektiert werden willst, musst du lernen, alle anderen Menschen zu respektieren, ob jung oder alt. Denke daran, dass du das, was du dir von anderen Menschen wünschst, zuerst selber sein musst. Dann wirst du feststellen, dass andere Menschen in gleicher Weise auf dich eingehen.

Es ist leicht, dir zu wünschen, dass andere Menschen sich dir gegenüber mustergültig verhalten sollen, und es ist leicht, ihre Fehler zu erkennen, aber es ist sehr schwer, dich selbst angemessen zu verhalten und deine eigenen

Fehler anzuschauen. Wenn du daran denken kannst, dich richtig zu verhalten, werden andere Menschen versuchen, deinem Beispiel zu folgen. Wenn du deine eigenen Fehler aufspüren kannst, ohne einen Minderwertigkeitskomplex zu entwickeln, und dich unaufhörlich selbst berichtigen kannst, nutzt du deine Zeit wesentlich gewinnbringender, als wenn du sie damit vertust, dir von anderen ein besseres Verhalten. zu wünschen. Dein gutes Beispiel wird mehr dazu beitragen, andere Menschen zu ändern, als dein bloßer Wunsch, deine Worte oder dein heiliger Zorn.

Je mehr du dich selbst vervollkommnest, umso mehr erhebst du andere Menschen auf eine höhere Stufe. Je glücklicher du bist, umso glücklicher sind die Menschen in deiner Umgebung.

Die gute und die schlechte Form der Selbstsucht

Erkläre es zu deinem obersten Ziel, andere Menschen glücklich zu machen, um dein eigenes Glück zu finden. Sei nie stolz bei dem Gedanken, dass du selbstlos handelst. Glaube immer, dass dein Handeln deinem eigenen Vergnügen dient und dass du deine größte Freude darin findest, andere Menschen glücklich zu machen. Du kannst andere Menschen nicht die Prinzipien der Selbstlosigkeit lehren, wenn du nicht zuerst „selbstsüchtige“ Großzügigkeit in deinem eigenen Leben praktizierst.

Dein Handeln kehrt wie ein Bumerang zu dir zurück. Wenn du Selbstsucht vorlebst, ist das Verhalten anderer Menschen dir gegenüber von Selbstsucht bestimmt. Selbsterhaltung ist ein natürlicher Trieb, aber Gott hat dir Intelligenz, ein Gedächtnis und Vorstellungskraft geschenkt, damit du die Schwierigkeiten anderer Menschen verstehen kannst. Finde dein Glück darin, allen Menschen zu helfen, die deinen Weg kreuzen.

Vermeide die schlechte Form der Selbstsucht, denn sie ist die Wurzel aller Schwierigkeiten, ob auf persönlicher oder nationaler Ebene. Zuerst kamen Pfeil und Bogen, um eine selbstsüchtige Gruppe vor einer anderen selbstsüchtigen Gruppe zu schützen. Dann wurden Gewehre und Maschinengewehre erfunden und nun sind es Giftgase, um die Selbstsucht einer Gruppe von Menschen vor der Selbstsucht einer anderen Gruppe zu schützen. Es wird noch mehr Leiden geben, ehe die Menschheit erkennt, dass nationale und persönliche Selbstsucht gleichermaßen schlecht sind.

Deine größte Sicherheit liegt im Wohlwollen anderer Menschen. Wahres Königtum besteht darin, auf dem Herzensthron aller Menschen zu sitzen. Wenn in einem Dorf hundert Menschen leben und jeder versucht, von den anderen zu nehmen, hat jeder neunundneunzig Feinde. Wenn jeder dagegen versucht, dem anderen zu helfen, hat jeder neunundneunzig Freunde. Jesus hat seinen Körper für uns alle hingegeben und erfreut sich dennoch des ewigen Lebens. Durch seine vollkommene Selbsthingabe hat er für sein geistiges Wohlergehen gesorgt.

Du musst daran denken, dass du ein Teil der Weltfamilie bist und ohne sie nicht existieren kannst. Du musst an andere Menschen denken, wenn du an deine eigenen Bedürfnisse denkst. Es ist falsch, nur an dich selbst zu denken und alle anderen auszuschließen. Eine Nation besteht aus kleinen Gemeinschaften und sie bestehen wiederum aus Einzelpersonen. Selbst wenn du einen Feind hast, musst du daran denken, dass er dein Nachbar ist. Jeder ist unser Nachbar, denn Gott ist unser Vater und wir sind seine Kinder.

Wenn du nur an das Wohlergehen deiner Hände und Füße denkst und es versäumst, auch für deinen Kopf zu sorgen, leistet dein Gehirn dir keine guten Dienste. Du musst die Bedürfnisse des ganzen Körpers erfüllen. Daher kommt es, dass die Gehirne – die Führer – einer Nation harmonisch mit den Händen und Füßen – den Arbeitern – der Nation zusammenarbeiten müssen. Sind sie gespalten, entstehen Unordnung und Leid.

Wir besitzen in Wirklichkeit nichts. Wir werden uns irgendwann von allem trennen müssen, sei es durch Zufall, Diebstahl, Abnutzung oder den Tod. Wir dürfen die Dinge lediglich eine Zeitlang gebrauchen. Wenn dir etwas gegeben wird, musst du erkennen, dass es nur für eine kurze Weile dir gehört. Du darfst nicht daran anhaften. Auch die Menschen, die du liebst, werden dir irgendwann genommen. Sie wurden dir nur gegeben, damit du lernen kannst, für andere zu verzichten und mit ihnen zu teilen.

Das wahre Selbst ist die Manifestation des reinen Geistes in dir. Alles, was du für das wahre Selbst tust, könnte man ebenfalls als Selbstsucht bezeichnen. Die gute Form der Selbstsucht besteht aus den Handlungen, durch die das reine innere Selbstbild verwirklicht werden kann. Die schlechte Form der Selbstsucht besteht aus den Dingen, die du für das Ego tust, und läuft somit den Interessen deines wahren Selbst zuwider.

„Liebe Gott aus ganzem Herzen." „Liebe deinen Nächsten wie dich selbst." Du brauchst keine anderen Gebote, wenn du diese beiden Gebote befolgst.

Wie du Feinde zu Freunden machst

Übe dich darin, die Menschen zu lieben, die dich nicht lieben. Fühle mit den Menschen, die nicht mit dir fühlen. Sei großzügig gegenüber den Menschen, die nur gegenüber sich selbst großzügig sind. Wenn du deinen Feind mit Hass überhäufst, vermögen weder er noch du selbst die deiner Seele innewohnende Schönheit zu erkennen.

Du brauchst nicht vor deinem Feind zu kriechen. Liebe ihn schweigend. Diene ihm schweigend, wann immer er in Not ist, denn Liebe ist nur dann echt, wenn sie dienlich ist und durch Handeln zum Ausdruck kommt. Auf diese Weise zerreißt du die Schleier des Hasses und der Engstirnigkeit, die Gott vor deinem Blick verbergen.

Wenn Demut und eine Entschuldigung die positiven Eigenschaften deines Feindes zutage fördern, dann entschuldige dich. Wer dazu imstande ist, hat ein gewisses Maß an spiritueller Entwicklung erreicht, da es charakterliche Stärke braucht, sich würdevoll und aufrichtig zu entschuldigen. Es ist das Bewusstsein der eigenen Unterlegenheit, das einen Menschen dazu bringt, sich hinter einer Fassade des Stolzes zu verstecken. Ermutige einen Übeltäter aber nicht, indem du übermäßig demütig bist und dich allzu sehr rechtfertigst. Berücksichtige seine Realitäten. Sei pragmatisch in deinem Idealismus.

Finde Freunde aus früheren Inkarnationen

Es gibt Menschen, mit denen du tagtäglich in Kontakt kommst, zu denen du dich aber nicht hingezogen fühlst. Lerne sie zu lieben und dich an sie anzupassen. Andere Menschen vermitteln dir augenblicklich das Gefühl, dass du sie schon ewig kennst. Das weist darauf hin, dass es sich um deine Freunde aus früheren Inkarnationen handelt. Vernachlässige sie nicht. Stärke die Freundschaft, die zwischen euch besteht. Halte ständig nach ihnen Ausschau, weil dein ruheloser Geist sie vielleicht nicht erkennt. Oft sind sie ganz in deiner Nähe, weil eure in ferner Vergangenheit geschlossene Freundschaft sie anzieht. Sie stellen deine Sammlung leuchtender Seelenjuwelen dar. Erweitere sie ständig. Du wirst in diesen Seelengalaxien den einen höchsten Freund erblicken, der dich strahlend anlächelt. Gott kommt in Gestalt eines edlen und wahren Freundes zu dir, um dir zu dienen, dich zu inspirieren und dich zu führen.

Ein hässliches Gemüt und Selbstsucht vertreiben alle Freunde aus früheren Inkarnationen, während Freundlichkeit sie zu dir zieht. Sei darum stets bereit, ihnen auf halbem Wege entgegenzukommen. Mache dir nichts daraus, wenn der eine oder andere Freund sich als falsch herausstellt und dich täuscht oder betrügt.

Jeder Mensch hat seine eigene Norm körperlicher und geistiger Schönheit. Was dem einen hässlich erscheint, empfindet jemand anderer als schön. Wenn du in eine große Menschenmenge schaust, gefallen dir manche Gesichter auf Anhieb, während du andere nicht sonderlich anziehend findest. Die sofortige Anziehung, die sympathische innere und äußere Merkmale eines Menschen auf deinen Geist ausüben, ist dein erster Hinweis darauf, dass du einen Freund aus der Vergangenheit gefunden hast. Die Menschen, die du schon einmal geliebt hast, werden durch ein Gefühl der Freundschaft zu dir hingezogen, das bereits vor der Geburt bestanden hat.

Lasse dich nicht durch körperliche Schönheit täuschen. Frage dich, ob das Gesicht oder der Gang eines Menschen – kurz, alles an ihm – dich anspricht. Es kann passieren, dass die Züge eines Freundes durch übermäßiges Essen oder mangelnde körperliche Bewegung entstellt sind, sodass du ihn möglicherweise nicht erkennst. Es kann passieren, dass eine schöne Frau sich in einen hässlichen Mann oder ein gut aussehender Mann sich in eine körperlich unattraktive Frau verliebt, weil sie durch die liebende Freundschaft einer früheren Inkarnation miteinander verbunden sind.

Um sicher zu sein, dass deine Augen dich im Hinblick auf die körperlichen Eigenschaften deines mutmaßlichen früheren Freundes nicht getrogen haben, stelle fest, ob ihr wesens- und geistesverwandt seid. Tauche tief in den Geist des betreffenden Menschen ein, ohne dich von kleinen Eigenheiten abschrecken zu lassen, um herauszufinden, ob eure Geschmacksvorlieben und Neigungen im Kern übereinstimmen. Suche nach deinen Freunden aus früheren Inkarnationen, damit ihr eure Freundschaft in diesem Leben fortsetzen und zu einer göttlichen Freundschaft vervollkommnen könnt. Ein Leben ist nicht immer ausreichend, um diese Vollkommenheit zu erlangen.

Wenn du, vereint unter dem Dach deiner vervollkommneten universellen Freundschaft, Seelen aus Vergangenheit, Gegenwart und Zukunft, die bewegten Sterne, die Nachtschwalbe, die stummen Steine und den leuchtenden Sand des Meeres erblickst, dann ist der Durst deines Herzens nach Freundschaft für alle Zeiten gestillt. Dann hallt in Gottes Schöpfung das befreiende Lied der göttlichen Freundschaft wieder, die alle Unterschiede auflöst. Dann frohlockt der göttliche Freund darüber, dass du nach deiner evolutiven Wanderschaft auf den Pfaden deiner Inkarnationen nach Hause zurückgekehrt bist. Dann verschmilzt du mit ihm in der Glückseligkeit ewiger Freundschaft.

Himmlischer Vater! Lasse die Unsrigen zu uns kommen. Mögen wir, indem wir sie finden, Freundschaft mit allen und so zu dir finden.

Dehne deine Liebe auf alle Menschen aus

Angehörige sind die Menschen, die wir als die Unsrigen betrachten. Wenn wir unsere Angehörigen lieben, üben wir uns darin, unser Bewusstsein zu erweitern und alle Menschen als unsere Angehörigen in Gott zu lieben. Denn Angehörige und Fremde sind gleichermaßen Gottes Kinder. Wenn du deine Liebe auf deine unmittelbare Familie begrenzt, besitzt du auch das Christus-Bewusstsein nur in diesem eingeschränkten Umfang. Wenn du deine Nachbarn als deine erweiterte Familie liebst, bringst du auch das Christus-Bewusstsein in höherem Maße zum Ausdruck. Wenn du für alle Menschen die Liebe empfindest, die du für deine Lieben empfindest, bringst du auch das Christus-Bewusstsein umfassender zum Ausdruck.

Wo immer ein einsames Herz oder ein weinender Bruder am Wegesrand steht und du Anteilnahme mit dieser Seele fühlst, hast du dein Bewusstsein hin zum wahren, unendlichen Christus-Bewusstsein erweitert.

Mein Meister [Sri Yukteswar] fragte mich einmal: „Liebst du die Menschen?" Ich antwortete: „Nein, ich liebe nur Gott."

„Das ist nicht genug", erwiderte er.

Später fragte er mich erneut: „Liebst du die Menschen?"

Mit einem glückseligen Lächeln antwortete ich: „Frage mich nicht." Er konnte sehen, dass meine Liebe nun zu umfassend war, als dass ich darüber hätte sprechen können. Diesmal lächelte er nur.

Selbstlose Liebe

Wenn du eins mit dem Unendlichen bist, nimmst du dich selbst nicht als Ego wahr. Du weißt nur, dass die Welle des Lebens ohne den Ozean dahinter nicht funktionieren und tanzen könnte. Wenn du den Dingen dieses Lebens zu sehr verhaftet bist, vergisst du Gott. Deshalb verlieren wir Dinge – nicht, um uns zu bestrafen, sondern um herauszufinden, ob wir die Kleinheit mehr lieben als die Unendlichkeit.

Damit du dich spirituell weiterentwickeln kannst, musst du zunächst dem universellen Geist Christi folgen. Das bedeutet nicht, dass du gekreuzigt werden musst, um wie Christus zu sein! Trotzdem müssen alle unnützen Wünsche in gewisser Weise gekreuzigt werden. Manche Menschen suchen nach den Gaben Gottes, aber diejenigen, die wirklich weise sind, suchen stattdessen nach Gott, dem Geber aller Gaben. Du magst versuchen, den Menschen zu gefallen, aber nach einer Weile werden sie dich vergessen. Eine Statue mag zu deinen Ehren errichtet werden, aber nur wenige werden auf sie schauen und sich an deine guten Taten erinnern.

Geselligkeit muss entwickelt werden, aber das heißt nicht, dass du jeden Menschen einzeln und persönlich kennen musst. Du musst die ganze Welt in dein Herz einladen. Das Christus-Bewusstsein ist allumfassend in seiner Liebe. Es wurde im Leib Jesu und im Leib anderer großer Meister geboren. Urteile über niemanden, solange du dieses Bewusstsein nicht erlangt hast. Mit diesem Bewusstsein wird dein Urteil stets gütig ausfallen und im Grunde genommen nur eine Würdigung sein.

Der Ruf der Freundschaft

Gott lebt und atmet in allen Menschen. Wir sind nur wenige Jahre Amerikaner oder gehören einer anderen Nationalität an, aber wir sind auf ewig Gottes Kind. Die Seele lässt sich nicht innerhalb menschengemachter Grenzen einsperren. Ihre Nationalität ist reiner Geist, ihr Land ist Allgegenwärtigkeit.

Liebe zuerst deine Familie, wie du dich selbst liebst. Unser stärkster Impuls ist, nur uns selbst zu lieben, aber sobald du jemand anderen so sehr oder sogar noch mehr lieben kannst als dich selbst, hast du dich spirituell weiterentwickelt. In dem Maße, in dem du dich selbst mehr liebst als alle anderen Menschen, bist du in deinem eigenen Ego eingesperrt.

Wenn du dich weiterentwickeln willst, musst du drei Phasen durchlaufen: Du musst deine Familie mehr lieben als dich selbst, deine Nation so lieben wie deine eigene Familie und schließlich die ganze Welt so lieben wie deine eigene Nation.

Du erlangst die Freundschaft Gottes, indem du dir selbst treu und anderen Menschen ein wahrer Freund bist. Wenn du ihnen gegenüber nicht freundlich bist, missachtest du das göttliche Gesetz der Selbsterweiterung, durch das allein deine Seele zum reinen Geist werden kann. Wer keine Zuversicht in den Herzen anderer Menschen erweckt, wer nicht imstande ist, das Reich seiner Liebe und seiner

Freundlichkeit in andere Seelenterritorien hinein auszudehnen, der kann nicht darauf hoffen, sein Bewusstsein in das kosmische Bewusstsein hinein zu erweitern.

Wahre Freundschaft vereint die Seelen so vollständig, dass sie die Einheit des reinen Geistes und seine göttlichen Eigenschaften widerspiegeln. Wenn die göttliche Freundschaft uneingeschränkt im Tempel deines Herzens herrscht, dann verschmilzt deine Seele mit der unendlichen kosmischen Seele und lässt die einengenden Fesseln, die sie von Gottes gesamter belebter und unbelebter Schöpfung getrennt haben, weit hinter sich zurück.

Meditation über die Erweiterung der Liebe

Sage dir: „Das Reich meiner Liebe muss sich erweitern. Ich habe meinen Körper mehr geliebt als alles andere. Deshalb habe ich mich mit ihm identifiziert und werde von ihm begrenzt. Mit der Liebe, die ich für diesen Körper empfinde, will ich all jene lieben, die mich lieben. Mit der erweiterten Liebe derer, die mich lieben, will ich die Meinen lieben. Mit der Liebe zu mir selbst und der Liebe zu den Meinen will ich diejenigen lieben, die mir fremd sind. Ich will all meine Liebe einsetzen, um sowohl die zu lieben, die mich nicht lieben, als auch die, die mich lieben. Ich will alle Seelen in meine selbstlose Liebe einhüllen. Meine Familie, meine Landsleute, alle Nationen und alle Geschöpfe werden im Ozean meiner Liebe schwimmen. Die gesamte Schöpfung, die Myriaden winziger Lebewesen, werden auf den Wellen meiner Liebe tanzen!“

KAPITEL 4

SPIRITUELLE PARTNERSCHAFT UND FAMILIENLEBEN

EINE SPIRITUELLE PARTNERSCHAFT AUFBAUEN

Wie du deinen Partner auswählst

Bei der Auswahl deines Partners musst du die Impulse verstehen, die dich beeinflussen. Dazu gehören:

1. Körperliche Anziehungskraft
2. Ästhetische Anziehungskraft
3. Geistige Anziehungskraft
4. Berufliche Gemeinsamkeit
5. Moralische Neigungen
6. Anziehungskraft der Ideale
7. Emotionale Zuneigung
8. Materielle Gier
9. Attraktive gesellschaftliche Stellung
10. Ruf der Seele

Viele junge Menschen heiraten, weil sie einander geistig ähnlich sind. Die geistige Einheit *ist* ein wichtiger, aber nicht der alles bestimmende Gradmesser, wenn es darum geht, den richtigen Partner zu finden. Sie kann nachlassen, wenn es keine innere Einheit gibt.

Ein junger Mann sagt: „Ich mag sie, weil sie genau wie ich gerne Fußball schaut. Ich liebe sie, weil sie genau wie ich gerne raucht, trinkt und isst. Ich liebe sie, weil sie genau wie ich gerne Filme schaut und Detektivgeschichten liest." Ein anderer sagt: „Ich liebe sie, weil sie genau wie ich Musik und Dichtung und das Geschäftsleben liebt."

Manche Paare heiraten, weil sie die gleiche Arbeit mögen. Er sagt: „Ich bin Schauspieler. Ich liebe sie, weil sie Schauspielerin ist."

In der heutigen Zeit ist es äußerst wichtig, einen Partner zu haben, der an deinem beruflichen Erfolg interessiert ist. So sollten Ärzte und Rechtsanwälte keine Partner heiraten, die möglicherweise eifersüchtig auf ihre Patienten oder Klienten werden.

Ein genialer Mann sollte keine hochintelligente Frau heiraten, da dies oft Streitigkeiten zur Folge hat. Ein solcher Mann ist womöglich eifersüchtig auf die überlegene Intelligenz seiner Partnerin.

Manche Männer bevorzugen gut aussehende, gehorsame und unwissende junge Frauen, die sie anbeten. Andere junge Menschen heiraten, weil sie sich vom guten Aussehen ihres Partners angezogen fühlen, aber die meisten Paare, die nur aufgrund von Schönheit heiraten, trennen sich bald wieder. Körperliche Schönheit, die nicht mit schönen geistigen Eigenschaften gepaart ist, bleibt als erstes auf der Strecke. Wenn die Vernarrtheit in die Schönheit vergeht, kann sogar das schönste Gesicht hässlich erscheinen.

Was die Menschen bekommen, das wollen sie oft nicht, und was sie wollen, das bekommen sie oft nicht. Natürlich hat auch die körperliche Schönheit ihren Platz im Plan des Lebens, aber weit wichtiger ist die geistige Schönheit. Seelen, die in Reinheit, süße Sprache und Weisheit gewandet und daran gewöhnt sind, unendlich und bedingungslos zu lieben, üben auf ihren Partner eine anhaltende, unwiderstehliche Anziehungskraft aus.

Heirate niemals wegen des Geldes oder einer gesellschaftlichen Stellung

Manche Männer heiraten reiche Witwen und manche Frauen entscheiden sich für reiche Junggesellen, aber eine Ehe, die nur wegen des Geldes geschlossen wurde, ist niemals von Dauer und endet meist mit der Anklage: „Du hast mich nur wegen meines Geldes geheiratet!" Wer viel Geld haben möchte, der sollte in die Wirtschaft gehen und es verdienen. Er sollte nicht versuchen, durch eine Heirat schnell reich zu werden. Einem Mann, der eine Frau wegen ihres Geldes heiratet, steht eine lebenslange Demütigung bevor. Und eine Ehefrau sagte: „Ich habe zwar einen reichen Mann geheiratet, aber er ist der schlimmste Ehemann, den man sich vorstellen kann. Er erlaubt mir noch nicht einmal, Geld für die allernotwendigsten Dinge auszugeben."

Bei vielen Paaren ist die gesellschaftliche Stellung ausschlaggebend dafür, dass sie heiraten. Versuche nicht, die gesellschaftliche Leiter durch eine Ehe zu erklimmen. Gelange zu Geld und Berühmtheit, indem du selbst nützlich bist, und du wirst automatisch gesellschaftliche Prominenz anziehen. Versuche nicht, berühmt zu werden, indem du dich im Lichtkreis des Ruhms anderer Menschen sonnst.

Manche junge Paare heiraten, weil sie den Zustand der Erregung lieben. Einer kometenhaften Hochzeit folgt eine ebenso kometenhafte Scheidung. Manche Menschen heiraten, um den Nervenkitzel zu erleben, der damit verbunden ist, von einer verbotenen Frucht zu kosten. Ein reiches amerikanisches Mädchen lief mit dem Chauffeur der Familie davon und nachdem der Nervenkitzel, sich dem Willen des Vaters zu widersetzen, vorbei war, verließ sie ihren Ehemann wieder – unmittelbar nach den Flitterwochen!

Zwei Paare schlugen mir tatsächlich einmal vor, dass ich sie trauen sollte, während wir zu fünft an Fallschirmen aus einer Höhe von viereinhalbtausend Metern über dem Meeresspiegel herabschwebten! Ich lehnte das Angebot ab. Sie wollten nur heiraten, um öffentliche Aufmerksamkeit zu erregen. Sie hätten sich wieder scheiden lassen, sobald der Nervenkitzel und die Aufregung vorbei waren. Ich fragte sie: „Weshalb dieser Aufwand?“ Die Antwort lautete: „Für ein Abenteuer und eine Titelstory würden wir alles tun.“

Es gab noch einen zweiten Grund, warum ich es ablehnte, nach einem Sprung aus dem Flugzeug diese bizarre Hochzeitszeremonie zu vollziehen. Ich erklärte ihnen: „Wenn sich die Fallschirme nicht öffnen, vollziehe ich die Zeremonie im Himmel mit zerbrochenen Gerippen.“

Der Jünger, der versucht, tief ins Seelenglück einzutauchen, wird oft urplötzlich von seiner unterbewussten, gewohnheitsmäßigen Liebe zu den Sinnesfreuden heimgesucht. Zu diesen Zeiten kommt ihm die goldene Hoffnung auf das ewige Glück, das ihm seine innere Weisheit zeigt, leer und sinnlos vor. Dann denkt der Jünger: „Wenn ich das greifbare irdische Glück jetzt aufgeben muss, macht es keinen Sinn, etwas erlangen zu wollen, ganz gleich, wie schön das Versprechen auf künftiges Glück auch sein mag."

Der Jünger, der seinen sinnlichen Wünschen ausgesprochen zugetan ist, denkt: „Lieber bin ich nicht mit Selbstbeherrschung und der Kraft gewappnet, dem Bösen zu widerstehen, und lieber lasse ich mein geistiges Glück durch die Waffen der Versuchung erschlagen, als mich in einen zerstörerischen Kampf zwischen meiner Unterscheidungskraft und meinen Sinnesfreuden verwickeln zu lassen."

Kein Jünger sollte sich dieser falschen Gedankengänge bedienen. Versuche nie, deine Seele mit der Angst vor der Aufgabe vertrauter, aber unterlegener Sinnesfreuden zugunsten überlegener, aber noch zu erlangender Glückseligkeit zu täuschen. Statt mutlos zu werden, sollte jeder Jünger froh sein, unterlegene Sinnesfreuden im Austausch gegen die unerschöpflichen Freuden der Seele dem Vergessen anheimzugeben.

Sage deshalb ganz einfach: „Nein!" Versuche nicht, den Ausweg aus der Versuchung mithilfe der Vernunft zu finden. Du hast zweifellos bereits genügend Vernunftgründe angeführt, um dein *bewusstes Denken* davon zu überzeugen, dass die Seelenfreude der Sinnesfreude überlegen ist. Nun ist es an der Zeit, dich mit deinem *Unterbewusstsein* auseinanderzusetzen. Dazu bedarf es einer entschiedenen Bejahung. Die Vernunft wird dich an dieser Stelle ins Verderben führen.

Eine dauerhafte Ehe begründen

Gehe ernsthaft mit dir zurate, bevor du dich für die Ehe entscheidest. Heirate erst, wenn du sicher bist, dass deine Ehe von Dauer sein wird. Junge Menschen sollten zuerst herausfinden, ob sie auf der Seelenebene eins sind, denn viele junge Paare verlieben sich und heiraten, weil sie von der körperlichen Attraktivität ihres Partners geblendet sind. Wenn der Nebel der Leidenschaft sich schließlich hebt, erkennen sie das wahre Wesen ihres Partners, und dann kann es sogar passieren, dass sie von ihm angewidert sind. Schneller als der Schall landen sie vor dem Scheidungsrichter.

Wenn Männer und Frauen durch den Verfall ihrer moralischen Maßstäbe den Respekt voreinander verlieren, hören sie auf, einander zu lieben. Wenn junge Menschen ihre moralischen Maßstäbe nach der Hochzeit kontinuierlich weiterentwickeln, bleiben sie aufgrund der Achtung verheiratet, die durch ihr moralisches Bestreben entstanden ist.

Viele Menschen heiraten, weil jeder der Partner hochfliegende Ideale hat und weil beide gemeinsam andere Menschen etwas lehren und sie inspirieren wollen. Wenn ein Partner von seinen Anhängern mehr bewundert wird als der andere, kann rasch Eifersucht aufkommen.

Männer und Frauen müssen ihre Liebe zu wahren Idealen entwickeln. Dann wird die Liebe ihres Herzens ständig wachsen, bis sie als eine einzige göttliche Flamme brennt. Wenn der Mann seinen Idealismus vor den idealistischen Augen seiner Frau entweiht, wird er ihre Liebe verlieren. Wenn Idealismus die Quelle der Liebe ist und wenn er austrocknet, leidet der Brunnen der Liebe unter der Trockenheit. Verheiratete Paare, deren Idealismus zu Hause, in der Gesellschaft und in der Welt immer mehr wächst, stellen fest, dass auch ihre Liebe immer mehr wächst und sich verändert, bis diese Liebe zur idealistischen Liebe Gottes geworden ist.

Strebe nach vollkommener Einheit

Junge Menschen sollten spirituelle Berater aufsuchen, bevor sie heiraten, und sich von erprobten Erfahrungen in der Phase des Kennenlernens leiten lassen. Bevor sie heiraten, sollten sie vor allem herausfinden, ob ihre Einheit auf einer Seelenebene besteht.

Die wirkliche Seelenehe ist eine angeborene, unsterbliche, bedingungslose gegenseitige Zuneigung, die auf den ersten Blick spürbar, aber auch das Resultat einer langen göttlichen Gefährtenschaft und Brautwerbung sein kann. In der Seelenvereinigung wird die bedingungslose Liebe zwischen den Eheleuten tiefer und tiefer.

Zwischen verwandten Seelen besteht eine übernatürliche Anziehung. Wie sich positiver und negativer Strom verbinden, um eine Glühbirne zu entzünden, so verschmilzt auch eine vollkommene, positive Seele mit einer vollkommenen, negativen (empfänglichen) Seele zum Licht unaufhörlich wachsender Liebe. Die Seelenliebe muss an die Stelle der animalischen Liebe treten. Seelenharmonie muss die Quelle des Handelns in der Ehe sein.

Die wahre Ehe ist nur für die Menschen, die nach der göttlichen Liebe in menschlicher Ausdrucksform suchen. Dies ist ein sehr schwieriges Unterfangen, da fast alle Beziehungen vor der Hochzeit weniger von Liebe als vielmehr von Leidenschaft beherrscht werden. In einem solchen Fall nimmt Sex die Stelle der Liebe ein. Dann entgleitet die wahre Liebe, die bedingungslos ist, dem Herzen sehr rasch. Wenn die Liebe dagegen zunimmt und das körperliche Bewusstsein abnimmt, dann entwickelt sich die menschliche Liebe zur göttlichen Liebe. Auf diese Weise erkennen beide Seelen, dass sie einander nicht als Körper, sondern durch die äußere Illusion der menschlichen Liebe einzig und allein Gott geliebt haben.

Die menschliche Liebe kann in der Ehe niemals von Dauer sein, wenn ihr Zweck nicht darin besteht, die göttliche Liebe zum Ausdruck zu bringen. Ohne die göttliche Liebe achten die Eheleute einander nicht und die Ehe geht in die Brüche. Sexueller Reiz, Intellektualität, Schönheit, Geld, Kultur oder persönliche Unwiderstehlichkeit können nicht bewirken, dass zwei Seelen zusammenbleiben. Alle Menschen suchen in ihrem Partner die vollkommene Liebe, aber sie kann erst dann Erfüllung finden, wenn die göttliche Liebe im Handeln, in den Motiven und in allen Lebenszielen zum Ausdruck kommt.

Die Kraft der Unwiderstehlichkeit

Unwiderstehlichkeit ist eine anziehende, erhebende und erweiternde Kraft. Die Kraft der Unwiderstehlichkeit ist eine Qualität des Geistes. Wenn jemand sagt: „Ich bin einem Freund begegnet, dessen Unwiderstehlichkeit so groß ist, dass er mich inspiriert und mein Bewusstsein erweitert hat", dann ist das die Art von Unwiderstehlichkeit, die wir wollen. Diese Kraft erweitert das Bewusstsein – im Gegensatz zur Hypnose, die es betäubt.

Jede Mutter sollte ihre Tochter lehren, andere Menschen allein durch ihre spirituelle Unwiderstehlichkeit anzuziehen und sich in die unwiderstehlichen Qualitäten der Weisheit, des Verständnisses, der Bedachtsamkeit, der wahren Gelehrtheit, der Geistesgegenwart und großer Tüchtigkeit zu kleiden. Spirituelle Unwiderstehlichkeit zieht spirituelle Seelen an.

Wenn die Ehe unnötig ist

Besser als die Ehe oder der erfolglose Versuch, Seelen zusammenzuschweißen, die nicht zueinander passen, ist die Einheit zwischen einer Seele und Gott. Je mehr wir uns zu materiellen Dingen hinziehen lassen, umso mehr Disharmonie und Unzufriedenheit bringt unsere Seele zum Ausdruck. Wenn sich jedoch die nach Liebe hungernde, nach Freude hungernde, nach vollständiger Befriedigung hungernde Seele dem vollkommenen, allliebenden, glückseligen Gott zuwendet, dann kommt es zu einer echten spirituellen Ehe. Gott ist der Bräutigam und alle Seelen sind seine Bräute.

Die Ehe ist unnötig für diejenigen, die mit Gott – der ewig berauschende Glückseligkeit ist – vermählt sind. Deshalb waren Jesus, der heilige Franziskus, Swami Shankara und Babaji nicht verheiratet. Sie hatten vollkommene Liebe, vollkommene Freude und einen vollkommenen Gefährten im vollständigen und vollkommenen Gott gefunden.

Die Ehe ist ein trügerischer Weg, Gott zu finden. Im Mondlicht, unter dem Einfluss von Leidenschaft und Gefühlen, versprechen sich die Eheleute ewige Liebe. Wenn sie sterben, lacht der Mond auf ihre Schädel herab, die in Gräbern über die Welt verstreut sind. Er lacht über ihre nicht erfüllten Versprechen, die im Rausch der Gefühle gegeben wurden.

Gott allein erfüllt sein Versprechen, uns bis in alle Ewigkeit zu lieben. Das höchste Ziel jeder Seele sollte folglich darin bestehen, sich mit dem kosmischen Geliebten zu vereinigen. Die Vereinigung mit Gott bringt vollkommene Liebe und vollkommene, ewige Erfüllung, frei von den Enttäuschungen, die mit jeder geringeren Erfüllung einhergehen.

Der spirituelle Weg zur Wahl des richtigen Partners besteht darin, nach der Meditation aus tiefstem Herzen zu bitten: „Himmlischer Vater, segne mich, auf dass ich meinen lebenslangen Gefährten gemäß deinem Gesetz vollkommener Seelenvereinigung wählen möge."

Wenn du diese Bitte sechs Monate lang in tiefer Überzeugung und tiefem Glauben wiederholst, wirst du den für dich richtigen Partner heiraten oder der göttliche Vater wird plötzlich widrige Umstände herbeiführen, die eine falsche Heirat verhindern.

Die idealen Gesetze für das Eheleben

Paare, die an Heirat denken, sollten aufrichtig prüfen, ob ihre Wesensnaturen miteinander harmonieren oder nicht und ob ihre Liebe unter allen Bedingungen bestehen kann und wird. Sie sollten herausfinden, ob ihre Liebe ein Fundament in echter Zusammenarbeit für ein gemeinsames Ideal hat. Suche nach einem Partner, der zu deinen moralischen Überzeugungen, angeborenen und jetzigen Gewohnheiten, beruflichen Zielen, geschmacklichen Vorlieben, Neigungen und spirituellen Bestrebungen passt.

Mache deinen Partner vor der geplanten Heirat mit deinen beruflichen und gesellschaftlichen Aktivitäten vertraut und finde heraus, ob er zu deinen Idealen und Gewohnheiten passt. Finde ebenso heraus, ob du zu den Zielen, den Idealen und dem Temperament deines Partners passt.

Das größte Geheimnis für die Aufrechterhaltung der Partnerschaft ist die Kunst der Selbstbeherrschung. Lerne, deinen Partner auf der spirituellen Ebene zu lieben und dich mit ihm wie mit einem engen Freund zu verbinden, statt dich allein auf die körperliche Ebene zu konzentrieren. Wenn es dir gelingt, gewinnst du die größte aller Schlachten, die darin besteht, dir die Loyalität, die Liebe und die Achtung deines Partners zu bewahren. Wenn ihr hin und wieder körperlich zusammenkommt, empfinde es als Privileg und tue es in dem Gefühl, deinem Gefährten nach langer Zeit der Trennung endlich wieder zu begegnen. Vereinigt euch von ganzem Herzen, mit ganzer Aufmerksamkeit und Zuvorkommenheit. Wenn diese tiefe Aufmerksamkeit nachzulassen beginnt, ist die Zeit gekommen, aufzuhören.

Verhaltensplan für den Mann

Die folgenden Punkte sollte ein Mann beachten, wenn er sich die Liebe und die Loyalität seiner Partnerin bewahren will:

- Halte dich nicht ständig mit deiner Partnerin im gleichen Raum auf.
- Greife nicht in die Unabhängigkeit deiner Partnerin ein.
- Störe deine Partnerin nicht, wenn sie mit wichtigen Ar-

beiten beschäftigt oder mit ihren persönlichen Freunden zusammen ist.

- Schlaft nach Möglichkeit in getrennten Räumen.
- Sei deiner Partnerin gegenüber niemals beleidigend oder sarkastisch.
- Streite dich niemals mit deiner Partnerin, vor allem in Gegenwart anderer Menschen.
- Gehe oft mit ihr allein oder gemeinsam mit den Kindern aus. Sprich mit ihr über Literatur, Musik und höhere spirituelle Wahrheiten.
- Das Leben und die Erfahrung mit deiner Partnerin müssen von täglichem, stetigem Fortschritt auf der materiellen, geistigen und spirituellen Ebene erfüllt sein.
- Das Glück in eurer Beziehung muss unaufhörlich wachsen.
- Bewahre dir einen sportlichen Körper. Iss häufig Rohkost und sorge dafür, dass deine Partnerin möglichst wenig Arbeit in der Küche hat.
- Sorge dafür, dass dein häusliches Leben einfach und dein spirituelles Leben von Tiefe geprägt ist.
- Lüge deine Frau niemals an.
- Beleidige niemals ihre Eltern.
- Lest gemeinsam ganzheitliche und heilsame Bücher.
- Sei deiner Partnerin gegenüber niemals schroff.
- Sei deiner Partnerin gegenüber immer zuvorkommend und aufmerksam. Behandle sie mit Würde und bedanke dich für jede Höflichkeit, die sie dir erweist.
- Denke an ihren Geburtstag und an euren Hochzeitstag. Schenke ihr häufig Dinge, die sie braucht und die ihr Freude bereiten.

- Sei nicht eifersüchtig auf deine Partnerin und mache ihr auch nicht durch Nörgeln das Leben schwer. Wenn es dir nicht gelingt, die Aufmerksamkeit deiner Partnerin durch Liebe zu erhalten, wird es dir auch nicht auf andere Weise gelingen.
- Tue nicht so, als sei deine Partnerin dein Besitz. Gib ihr das Gefühl, dass du dich über alles freust, was sie dir aus tiefstem Herzen und aus ihrer Seele heraus zu geben hat.
- Achte die Freundinnen deiner Partnerin und bringe ihnen, wenn möglich, Sympathie entgegen.
- Führe ein einfaches Leben und bewege deine Partnerin dazu, es auch zu tun. Seid sparsam und gebt wenig Geld für Luxus aus.
- Meditiere jeden Morgen und – vor allem – jeden Abend gemeinsam mit deiner Partnerin.
- Lest gemeinsam die Bibel oder andere spirituelle Bücher.
- Erweist Gott eure Hingabe durch gemeinsames Singen.
- Errichte einen kleinen Familienaltar, an dem du, deine Partnerin und eure Kinder euch versammelt, um Gott eure tiefe Hingabe zu erweisen, damit eure Seelen für alle Zeiten im allfreudigen kosmischen Bewusstsein vereint sind.

Verhaltensplan für die Frau

Neben den oben bereits genannten Punkten sollte eine Frau zusätzlich folgende Richtlinien beachten:

- Sorge dafür, dass dein Partner sich wohlfühlt.

- Lehre deinen Partner Selbstbeherrschung durch Liebe und lebe mit ihm auf einer höheren moralischen Ebene, die du durch spirituelle Studien erlangt hast.
- Je mehr du gemeinsam mit deinem Partner meditierst, umso mehr wird er dich mögen.
- Gewinne ihn durch dein Vorbild. Setze keinen Zwang ein und sei niemals schroff. Gewinne ihn, indem du ein ideales Leben führst.
- Erhalte deine Schönheit und kleide dich gut – so, wie du warst, als du ihm zum ersten Mal begegnet bist.
- Sprich nie schlecht über ihn vor deinen Freundinnen. Mache dich nie über ihn lustig und nörgle auch nicht an ihm herum, vor allem nicht im Beisein eurer Kinder.
- Lehre ihn einzig und allein durch Schweigen und Liebe. Sei ihm gegenüber niemals sarkastisch.
- Beschäftige ihn, wenn er zu Hause ist, indem du gemeinsam mit ihm liest, schreibst, singst oder meditierst.
- Mache dich nützlich und interessant.
- Gib ihm die richtigen Dinge zu essen: mehr Rohkost, weniger Gebäck oder Süßigkeiten. Das Essen spielt eine große Rolle, wenn es um eine glückliche Partnerschaft geht.
- Wenn dein Partner auf moralische Abwege gerät, setze ihm nicht zu und richte auch keine bitteren Worte an ihn. Wenn du von seiner Schwäche erfährst, entziehe dich ihm auf der körperlichen Ebene, bis er sich bessert. Sei ihm gegenüber liebevoll und aufmerksam und läutere ihn durch deine Liebe.
- Bitte täglich nach der Meditation: „Vater, sorge dafür, dass mein Partner und ich durch dein vollkommenes

> Gesetz in Körper, Geist und Seele und in immer größerem Glück vereint bleiben."

So finden Mann und Frau auf der geistigen und der spirituellen Ebene zu immer größerer Einheit und Liebe und die körperliche Ebene spielt eine immer geringere Rolle. Schließlich werden sie in Gott ihre Befreiung finden. In ihm werden ihre Seelen im Band immer größerer Freude untrennbar vereint sein. Sie werden Gott in ihrer Seele finden und eins mit ihm sein.

Probleme in der Ehe

Die Ehe ist das Fortpflanzungsgesetz der Natur nicht nur auf der körperlichen, sondern auch auf der intellektuellen und spirituellen Ebene. Ein Paar, das nicht den höchsten Zweck einer Ehe im Gedächtnis bewahrt, kann niemals glücklich werden. Zu große Vertraulichkeit, mangelnde Höflichkeit, ein Übermaß an Sex, Misstrauen, Kränkungen, Streit vor den Kindern oder Gästen, Griesgrämigkeit und das Abladen von Problemen und Zorn auf den Partner müssen aufgegeben werden. Denke daran, dass die wahre Ehe ein Labor ist, in dem die Gifte der Selbstsucht, schlechter Laune und schlechten Benehmens ins Reagenzglas der Geduld eingefüllt und durch die Kraft der Liebe und anhaltend gutes Benehmen neutralisiert werden müssen.

Es heißt, dass ein Mann eine Frau so lange will, bis er sich ihrer sicher ist. So sagte eine Frau einmal zu ihrem gleichgültigen Mann: „Liebling, vor unserer Hochzeit hast du mich mit Aufmerksamkeit überschüttet und mir Süßigkeiten und Blumen geschenkt. Jetzt schenkst du mir nichts mehr. Warum nicht?" Der Mann, eine Zigarre im Mundwinkel, sah sie kalt an und entgegnete: „Wie, das weißt du nicht? Wer ist denn so verrückt und füttert den Fisch, nachdem er ihn gefangen hat?"

Diese Denkweise ist äußerst abträglich, denn der gleichgültige Mann sorgt dafür, dass die warme Zuneigung seiner Frau erkaltet, und die unaufmerksame Frau sorgt dafür, dass ihr Mann herzlos wird. Es ist ein Leben lang erforderlich, an Geburtstage und andere wichtige Tage zu denken und Erinnerungen an die gegenseitige Zuneigung wiederaufleben zu lassen. Eine Blume, die einen Hauch von Zuneigung ausstrahlt, oder ein liebes Wort, das nach Freundlichkeit duftet, können viel dazu beitragen, alte Verletzungen zu heilen. Trage den Anzug der Freundlichkeit und des angemessenen Benehmens vor allem bei deinem Partner und bei deinen Kindern. Wenn du dich zu Hause in Freundlichkeit übst, wirst du alle anderen Menschen durch deine unwiderstehliche Aura der Freundlichkeit für dich gewinnen.

Eifersucht in der Ehe

Eifersucht in der Ehe ist ausgesprochen abträglich. Wenn du ledig bist, heirate niemanden, der dir gegenüber Anzeichen übermäßiger Eifersucht zu erkennen gibt. Heirate insbesondere dann keinen eifersüchtigen Menschen, wenn du Arzt, Geistlicher oder Jurist bist oder in einem anderen öffentlichen Beruf arbeitest. Ein eifersüchtiger Partner ist mehr mit eingebildeten Befürchtungen beschäftigt als mit deinem beruflichen Wohlergehen oder deinem Seelenfrieden. Eifersucht ist Eigenliebe, die langsam, aber unaufhörlich an den Wurzeln der wahren Liebe nagt.

Auch wenn du auf deinen Partner eifersüchtig bist, zeige es niemals. Ein angemessenes Maß an Eifersucht, das deinen Partner davor bewahren soll, in die Falle hinterhältiger Menschen zu tappen, ist vertretbar, aber wenn sie dich dazu bringt, die Beherrschung zu verlieren, und dich in einen rasenden Dämon verwandelt, dann verabscheue diese innere Neigung, als ob der Teufel selbst sie in dich eingepflanzt hätte.

Wenn du eifersüchtig bist, weil dein Partner hin und wieder die Zuneigung anderer Menschen ausloten will, gib ihm einen Hinweis oder eine Warnung. Wenn er dir nicht zuhört, sage nichts. Sei weder eifersüchtig noch wütend oder fordernd. Jeder hat das Recht des freien Willens – und sogar das Recht, sich zu irren. Wenn du allerdings der Meinung bist, dass er es wert ist, dein Leben mit ihm zu verbringen, dann kleide dich in dein bestes Verhalten. Meditiere mehr und sei besonders freundlich, besonders fröhlich, besonders tolerant, besonders nachsichtig und besonders unwiderstehlich. Wende keine körperliche Gewalt an, um die abschweifende Aufmerksamkeit deines Partners auf dich zu ziehen, sondern die überlegene spirituelle Kraft der Liebe.

Sei nicht ungnädig, selbst wenn deine Liebe zurückgewiesen wird. „Töte“ ihn durch Freundlichkeit! Lasse in aller Freundlichkeit zu, dass er dich verlässt (wenn es sein muss) und stets bedauert, dass er dich verlassen hat, statt ihn zu zwingen, deiner nörgelnden, eifersüchtigen Gegenwart mit großen Schritten zu entkommen, als würde er vor der Pest fliehen. Paare, die einmal glaubten, sich zu lieben, sollten ihre Gefühle niemals verhöhnen, indem sie einander später aus Eifersucht hassen. Wenn das Liebesexperiment in der Ehe sich als erfolglos erweist, sagt einander freundlich und sanftmütig Lebewohl, wie es sich für echte Kinder Gottes ziemt.

Ist die Eifersucht trotz größerer Zuvorkommenheit, größeren Vertrauens, größerer Freundlichkeit und größerer Liebe nicht heilbar, trennt euch in Güte und gegenseitigem Verständnis und sagt zueinander: „Wir haben unser Bestes gegeben, aber unser eheliches Experiment war nicht erfolgreich. Also wollen wir uns trennen."

Eifersucht kann Eifersucht niemals heilen. Liebe ist das beste Allheilmittel für diesen bösartigen, hässlichen Charakterzug. Wenn du Eifersucht bei anderen Menschen hasst und ihre zerstörerische Auswirkung mit Abscheu beobachtest, halte dich unbedingt von diesem psychologischen Virus fern, der jeden Frieden zerstört.

Wie du die Krankheit der Eifersucht heilst

Wenn Mann und Frau versuchen würden, einander mit dem seelentröstenden Zauber freundlicher Worte zu unterhalten, statt sich gegenseitig als Zielscheibe für Unhöflichkeit und zornige Worte zu missbrauchen, würden sie neues

Glück in ihrer Ehe erschaffen. Unfreundliches Verhalten wächst durch Streitigkeiten und Meinungsverschiedenheiten.

Wenn die eheliche Liebe nicht auf einem spirituellen Fundament gründet, kann sie niemals Bestand haben. Wenn Mann und Frau in Freundschaft und in Harmonie miteinander leben wollen, müssen sie einander auf der spirituellen Ebene dienen. Frisch verheiratete Paare, die vergessen, dass die wahre Liebe auf selbstlosem Dienen und auf Freundschaft beruht, gehen sehr bald wieder getrennte Wege.

Wenn zwei Seelen vollkommen zueinander passen, wird ihre Liebe auf eine höhere spirituelle Ebene gehoben und in der Ewigkeit als die eine Liebe Gottes erkannt.

Die Liebe gewinnt dort, wo die Eifersucht mit Sicherheit scheitert. Wenn die Liebe deine zerstörte Liebe nicht retten kann, solltest du nicht den Dämon der Eifersucht ins Spiel bringen, der sich am Ende als euer beider Ruin erweisen kann. Wenn deine Frau auf Abwege gerät und du sie zum Abschied voller Liebe küsst und ihr sagst: „Komm wieder, wenn du deinen Irrtum erkannt hast“, dann ist vielleicht nur eine Seele verloren. Wenn du deine untreue und fehlgeleitete Frau dagegen tötest oder auf andere Weise verurteilst, dann sind zwei Seelen verloren. Deine Frau begeht spirituellen Selbstmord und du wirst womöglich „auf einem sehr heißen Stuhl sitzend an einen heißen Ort“ befördert. Erkennst du, wie töricht Eifersucht ist? Sie zerstört genau das, was sie zu lieben vorgibt. Eifersucht ist Eigenliebe. Wenn du eine Frau wirklich lieben würdest, könntest du ihre Liebe zu dir nicht dadurch zerstören, dass du sie mit einer Kugel ins Grab beförderst und sie ins Jenseits gehen lässt, wo sie dich in alle Ewigkeit hassen wird.

Wenn die Liebe deinen Partner nicht halten kann, wird es der Eifersucht niemals gelingen. Männer und Frauen, die glauben, ihren Partner erfolgreich von Dummheiten ferngehalten zu haben, haben letztendlich nur seinen Körper eingesperrt, während seine Seele plündernd durch die Lande zieht. Eifersucht sät Täuschung. Liebe fördert Vertrauen.

Erlaube deinem Partner, sich mit deinem Wissen allmählich von seinen Irrtümern zu befreien, statt hinter dem Schleier der Unaufrichtigkeit verborgen weiter den falschen Weg zu gehen.

Der erhabene Zweck der Ehe

Die spirituelle Ehe bedeutet Vereinigung mit Gott, Seele und Geist. Die Ehe ist kein von Menschen gemachtes Gesetz. Sie ist von Gott gemacht. Der Mensch hat den erhabenen Zweck der Ehe missbraucht. Ehe bedeutet Einheit auf der körperlichen, intellektuellen und spirituellen Ebene. Wenn du einen Menschen durch spirituelle Unwiderstehlichkeit anziehst, wirst du deinem Seelengefährten begegnen.

Wenn menschliche Liebe nicht vergeistigt wird, ist sie ein Krebsgeschwür in deiner Seele. Wenn du nicht spirituell gesinnt bist und dein Partner es nicht auch ist, kannst du nie glücklich sein. Spirituelle Ehe bedeutet, deine Seele mit der ewigen Liebe Gottes zu verheiraten. Ohne Gott kann die Ehe nicht gelingen. Der Zweck der Ehe besteht darin, Gott zu erkennen und in Gott vereint zu sein. Leider ist diese Wahrheit in Vergessenheit geraten.

Wenn du zu einem anderen Menschen eine tiefe Freundschaft aufgebaut hast, die durch nichts zerstört werden kann, eine Freundschaft, der kein Zwang innewohnt und die sich fortwährend weiter vertieft, dann hast du einen wahren Partner gefunden.

Bei der Frau steht der Ausdruck des Gefühls an oberster Stelle, beim Mann ist es die Vernunft. In der Ehe fördern Frau und Mann das verborgene Gefühl und die verborgene Vernunft im jeweils anderen zutage, sodass beide in sich vollkommener werden. Vernunft und Gefühl sollten bei Mann und Frau wohl ausgewogen sein, vergleichbar mit der Weichheit der Blume und der Festigkeit von Stahl, die beide göttliche Qualitäten sind.

Gottes Liebe ist größer als die vereinigte Liebe aller Liebenden, die jemals geliebt haben. Wenn du die höheren Formen der Meditation erlernst, kannst du die wahre spirituelle Ehe erfahren: Einheit mit Gott, die wunderbarste Liebe, die es gibt. Denke daran, dass eine Ehe ihren wahren Zweck nur dann erfüllen kann, wenn Mann und Frau zuvor gemeinsam nach Gott streben. In der Ehe wächst die Liebe auch dadurch, dass Mann und Frau einander dienen. Wenn sie es mit der ewigwährenden Inspiration Gottes tun, dann führen sie eine wahre, spirituelle Ehe.

Menschen, die sich über die körperliche Ebene erheben und die Liebe ihrer Seele unaufhörlich stärken, finden ihr Einssein in Gott. Wenn die Liebe zweier Menschen als eine Flamme brennt, hat sie berauschende, ewige Qualitäten. Die Ehe, die in Selbstbeherrschung und intensiver spiritueller Vorbereitung geführt wird, ist emanzipiert.

Mann und Frau sollten wissen, dass sie den Keim des Unendlichen in sich tragen. Wenn du keinen wahren Seelengefährten finden kannst, heirate nicht. Wenn du Gott gefunden hast, brauchst du keine menschliche Ehe. Es ist besser, ledig zu bleiben, als eine falsche Ehe einzugehen. Verwandle die eheliche Liebe in göttliche Liebe und bringe dein Bewusstsein von der geschlechtlichen Ebene auf die Ebene des Paradieses zurück.

Du kannst Gefühl und Vernunft miteinander vereinen, indem du dich der Menschheit hingibst. Eine größere Familie gibt dir das Recht, auf eine kleinere, begrenzte Familie zu verzichten. Die größte Pflicht jedes Menschen, der ledig ist und es bleiben will, liegt darin, der Menschheit zu dienen.

Wenn du keine eigenen Kinder hast, adoptiere oder lehre die Kinder eines anderen, führe ein vorbildliches Leben und pflanze Seelenqualitäten in sie ein. Was du in die Seele eines Kindes einpflanzt, ist unvergänglich. Alles, was dein Leben fortbestehen lässt, jeder schöpferische Akt, ist in gewisser Weise dein Kind. So erfüllst du deinen wahren Lebenszweck.

SEX: VOM RICHTIGEN UMGANG MIT DER SCHÖPFERISCHEN KRAFT

Die schöpferische Kraft vergeistigen und umwandeln

(Der folgende Text dient allein dem Ziel, Selbstbeherrschung und moralischen Charakter zu entwickeln, unglückliche Ehen wieder mit Harmonie zu erfüllen und falsche Ehen und Scheidungen zu verhindern.)

Der schöpferische Impuls ist eine Tatsache und gehört zu den am stärksten ausgeprägten Instinkten und Triebkräften, die die Natur in den menschlichen Körper eingepflanzt hat, um die Fortpflanzung der Spezies voranzutreiben. Die Natur rächt sich stillschweigend an denen, die ihre heilige Schöpfungsmethode missbrauchen oder allzu leichtfertig mit ihr umgehen. „Feigenblattdenken" oder Scham in Bezug auf Sexualität wirft einen Schleier der Unheiligkeit auf dieses schöpferische Prinzip und hat sehr großes moralisches und körperliches Leid in die Welt gebracht. Dieses schöpferische Prinzip dient einem zweifachen Zweck: Der eine ist heilig, der andere soll die Menschheit in Selbsttäuschung gefangen halten.

Wenn dieser Instinkt auf die Nerven gerichtet wird, die sich im Bereich der Fortpflanzungsorgane befinden, will er nicht nur erschaffen, sondern vielmehr körperlich genießen. Der Missbrauch dieser schöpferischen Kraft sorgt dafür, dass wir an die Materie gebunden bleiben und im klebrigen Morast der Sinne kriechen.

Wenn dieser schöpferische Instinkt dagegen aus dem unteren Bereich der Wirbelsäule zurückgezogen und durch die Wirbelsäule an den Punkt gehoben wird, der in der Mitte der Stirn zwischen den Augenbrauen liegt, dann beginnt er „Nachkommen“ spiritueller Verwirklichung zu zeugen. Ehepaare, die ein oder zwei Kinder gezeugt haben, sollten lernen, spirituelle Zwiesprache zu halten und sich spirituell fortzupflanzen.

Eltern, die ein spirituelles Kind zeugen möchten, sollten ihren Geist bereits viele Monate vorher darauf vorbereiten. Während der sexuellen Vereinigung sollten sie vor allem daran denken, dass sie eine edle Seele bitten wollen, sich im Tempel der vereinigten Samen- und Eizelle einzufinden. Die Gedanken sollten auf den Punkt zwischen den Augenbrauen konzentriert bleiben und das heilige Werk der Schöpfung lenken, statt nach unten zu wandern und sich dort mit der Leidenschaft zu identifizieren.

Ehebruch wird in der Ehe dadurch begangen, dass man ausschließlich auf der körperlichen Ebene lebt. Dieses Leben wird mit Langeweile, gegenseitiger Abneigung und endgültiger Trennung bestraft. Ehebruch hat seinen Ursprung darin, dass das Mittel körperlicher Schöpfung in einen Selbstzweck verwandelt wurde. Der schöpferische Instinkt ist das Fortpflanzungswerkzeug der Natur und sollte nicht in ein Spiel der Sinne verwandelt werden. Mann und Frau sollten ihre Vereinigung als eine Vereinigung von Natur und Geist, von Wissen und Gefühl betrachten. Diese Vereinigung sollte hauptsächlich auf der spirituellen und nur gelegentlich auf der körperlichen Ebene stattfinden.

Ältere Paare sollten nur auf der spirituellen Ebene miteinander verkehren, von gegenseitiger, reiner Liebe berauscht, und das körperliche Verlangen durch geistige Liebe befriedigen. Je größer die Liebe, umso geringer ist das Verlangen nach körperlichem Schwelgen. Das gilt auch umgekehrt. Mann und Frau sollten Liebe empfinden und nicht den körperlichen Instinkt spüren, wenn sie einander sehen. Anderenfalls tappen sie in die Fallen der Langeweile und der Abneigung, die manchmal in Hass und Trennung enden.

Ein Mann sollte seine Frau als reinen Tempel betrachten, der geeignet ist, neue Seelen zu erschaffen und für sie zu sorgen. Dieser Tempel sollte von allen unreinen Gedanken frei sein. Die geistige Verfassung der Eltern während der körperlichen Vereinigung ist die unwiderstehliche Kraft, die eine passende Seele in den Körpertempel der Mutter hineinzieht. Gedanken, die auf die körperliche Ebene konzentriert sind, ziehen sinnliche Seelen an.

In den Schriften des Hinduismus heißt es, dass durch die Vereinigung von Samen- und Eizelle ein Lebensstrom erzeugt wird, der als Eintrittspforte für die Seele dient. Gute Seelen treten nicht durch diese Pforte, wenn die Schwingung des Lebensstroms von niederer Leidenschaft zeugt. Sie warten lieber, statt an einem ungewollten Ort vorschnell wiedergeboren zu werden. Mann und Frau sollten daran denken, nicht nur auf der körperlichen Ebene, sondern auch auf der intellektuellen und spirituellen

Ebene zusammenzuarbeiten, um eine heilige Seele in den Zellentempel einzuladen, den sie vielleicht erschaffen. Verheiratete Paare sollten gute Seelen bitten, sich bei ihnen einzufinden und mit ihnen zu leben.

Wenn du leichtfertig mit körperlicher Leidenschaft umgehst, verspielst du ungezählte Freuden des Lebens. Die flüchtige Erregung, die der körperlichen Vereinigung innewohnt, ist nichts im Vergleich zu der Glückseligkeit, die daher rührt, dass du den schöpferischen Impuls nutzt, um spirituelle und intellektuelle Qualitäten wie Liebe, Rücksicht, Verständnis, Entschlossenheit, Begeisterung, Geduld, Gelassenheit und Erkenntnis hervorzubringen.

Respekt und Toleranz gegenüber den Ansichten des Partners tragen zum Glück in der Ehe bei. Verheiratete Paare sollten es unterlassen, einander in Gegenwart anderer Menschen zu widersprechen oder über unwichtige Dinge zu streiten. Mann und Frau sollten ihre Eheprobleme niemals mit anderen Menschen erörtern.

Die Liebe kann einem anderen Menschen nicht abgerungen, sondern nur als spontanes Geschenk empfangen werden. Die Liebe wächst durch Toleranz, Vergebung und Vertrauen und wird durch Eifersucht gemindert. Die Liebe lebt in ferner Nähe und schläft in falscher Vertrautheit.

Mann und Frau sollten einander ergeben sein und versuchen, einander auf jede erdenkliche Weise glücklich zu machen. Die spirituelle Frau sollte den nicht spirituellen Mann ebenso wenig im Stich lassen, wie der spirituelle Mann die nicht spirituelle Frau im Stich lassen sollte. Sie sollten einander so lange wie möglich inspirieren und helfen.

Die Regulierung des schöpferischen Impulses

Der schöpferische Impuls ist naturgegeben, sodass den Menschen keine Schuld daran trifft. Menschen, die außerstande sind, diesen starken natürlichen Drang zur Fortpflanzung der Spezies zu steuern, werden von der Gesellschaft an den Pranger gestellt, aber man lehrt sie nicht, wie sie diesen Instinkt beherrschen können, statt von ihm beherrscht zu werden. Selbst ein lebenslanges Geistes- oder Medizinstudium wird den Studierenden nicht in die Lage versetzen, diesen Instinkt zu steuern. Die nachfolgend genannten praktischen Methoden können Selbstbeherrschung fördern:

1. Iss wenig oder kein Fleisch und mehr rohes Gemüse, Obst, Nüsse und geeignete Fleischersatzprodukte.
2. Mache dir bewusst, dass die schöpferische Kraft auf vier Arten genutzt werden kann:
   - Sie kann durch Sex zerstreut werden, der eine schwächende Wirkung hat und viele Krankheiten sowie geistige und körperliche Debilität verursacht.
   - Sie kann genutzt werden, um auf der körperlichen Ebene ein Kind zu zeugen.
   - Sie kann auch spirituelle „Kinder“ der Weisheit und der Begabtheit hervorbringen, indem sie die schöpferische Energie durch Erhöhung und Umwandlung in Gedankenkraft verwandelt. Du kannst deinen Geist – je nach deinen Interessen – in schöpferische Tätigkeiten wie Kunst, Erfindungen, geschäftliche Aktivitäten oder schriftstellerische Arbeit ein-

bringen. Auf diese Weise wird deine schöpferische Energie ins Gehirn umgeleitet.

- Du kannst die schöpferische Kraft auch in Sport oder anstrengende körperliche Tätigkeiten lenken.

3. Du kannst die Energie durch bewussten Einsatz deines Atems von den Geschlechtsorganen nach oben in den Bereich der Medulla oblongata zurückziehen. Konzentriere dich mental auf den Bereich deines Körpers, in dem die Fortpflanzungsorgane liegen. Atme tief und langsam ein und stelle dir vor, dass dein Atem von diesem Bereich ausgeht. Stelle dir vor, dass du die abwärts strömende Lebensenergie beim Einatmen nach oben umleitest. Stelle dir vor, dass der Atem von dem Körperbereich, in dem die Fortpflanzungsorgane liegen, nach innen und dann durch die Wirbelsäule nach oben zum Punkt zwischen den Augenbrauen strömt. Konzentriere deinen Atem und deinen Geist auf diesen Punkt und zähle von eins bis fünfundzwanzig (oder weiter). Stelle dir dabei vor, dass du alle Leidenschaft in dich aufnimmst, während du den Lebensstrom in den in der Medulla und am Punkt zwischen den Augenbrauen gelegenen Lebensenergiebehälter gießt. Atme aus, entspanne dich und befreie dich von jeder noch vorhandenen Spur an Leidenschaft.

   Wiederhole den Prozess dreimal mit geschlossenen Augen. Stelle dir während der Entspannung vor, dass der körperliche Instinkt vollständig aus dem Körper ausgestoßen wurde. Suche zu diesen Zeiten nicht nach Einsamkeit.

   Dies sind die Lehren der großen indischen Schriften.

Hinweise für verheiratete und unverheiratete Menschen

1. Erkenne die dem Geist innewohnende Macht über den Körper. Der Geist sollte zuerst von allen nicht erwünschten körperlichen Gedanken befreit werden, indem man alle seine Gedanken anderen interessanten Dingen zuwendet.
2. Der unerwünschte schöpferische Impuls sollte zuerst psychologisch und dann physiologisch reguliert werden. Der Angriff auf diesen Impuls muss von innen und außen erfolgen.
3. Vermeide alles, was über den Seh- oder Tastsinn den sexuellen Impuls stimuliert.
4. Vermeide es, dich mit nicht wünschenswerten Geschichten zu befassen oder darüber zu sprechen. Reagiere nicht, wenn jemand eine schmutzige Geschichte erzählt. Nähre deinen schöpferischen Instinkt nie unbewusst durch erniedrigende Gedanken.
5. Versuche die Physiologie der Fortpflanzungsorgane zu verstehen, indem du ein Standardwerk der Medizin studierst.
6. Jungen und Mädchen, Männer und Frauen sollten nicht mit Gedanken an den Körper, sondern vielmehr mit Gedanken an Reinheit und heilige Freundschaft miteinander umgehen.
7. Es ist am besten, wenn verheiratete Männer und Frauen nur mit ihrem eigenen Partner tanzen.
8. Mäßigung, die mit Selbstdisziplin und vollkommener Beherrschung des schöpferischen Impulses gepaart

wird, weckt die Kräfte der spirituellen Wahrnehmung. Sie ist tatsächlich die höchste Tugend. Die Ehe ist zur spirituellen Wiedervereinigung von Seelen und nicht als körperlicher Freibrief gedacht.

9. Unverheiratete Menschen, die das Gesetz des Zölibats niemals brechen, erschaffen eine innere Unwiderstehlichkeit, die, wenn sie den Wunsch nach der Ehe verspüren, einen wahren Seelengefährten anzieht. Andere ziehen infolge des fehlgeleiteten schöpferischen Impulses womöglich einen falschen Gefährten an. Spirituelle Unwiderstehlichkeit, die in einer falschen Ehe oder in der Ehelosigkeit durch Unbesonnenheit verloren wurde, kann durch die Praxis der Energieübungen* und die Meditation wiederbelebt werden.
10. Unverheiratete Menschen können die schöpferische Kraft der Natur auf der geistigen Ebene mit ihrer inneren Seelenkraft vereinigen, indem sie die richtige Meditationsmethode lernen und auf das körperliche Leben anwenden. Sie brauchen nicht unbedingt die Erfahrung der äußeren Ehe zu machen, wenn sie lernen, ihren weiblichen körperlichen Impuls mit ihrer inneren männlichen Seelenkraft zu verheiraten.

Bei der Suche nach ihrem Lebensgefährten sollten ledige Menschen sich nicht ausschließlich auf ihre eigenen Neigungen verlassen, sondern ihre Eltern und vor allem Menschen zu Rate ziehen, die über Weisheit und intuitive Einsicht verfügen.

---

* Yogananda hat eine Reihe von Energieübungen entwickelt, um den Körper wieder mit neuer Lebensenergie aufzuladen.

Ein spirituelles Kind anziehen

Ein Paar brachte mir gegenüber den Wunsch nach einem spirituellen Kind zum Ausdruck. Ich betete für sie und zeigte ihnen danach ein Foto. Diese Seele, so erklärte ich ihnen, sei für sie geeignet und war meinem Gefühl nach auch bereit, auf der Erde wiedergeboren zu werden.

„Meditiert über diese Seele", sagte ich ihnen. „Konzentriert euch vor allem auf die Augen. Ladet ihn ein, in eurem Heim zu wohnen. Vermeidet außerdem sechs Monate lang jeden sexuellen Kontakt. Enthaltsamkeit vergrößert eure spirituelle Unwiderstehlichkeit.

Wenn ihr euch nach dieser Zeit körperlich vereinigt, denkt an diese Person. Denkt auch an Gott. Wenn ihr meinem Rat in all diesen Dingen folgt, wird euch diese Seele geboren werden."

Sie befolgten gewissenhaft alles, was ich ihnen gesagt hatte, und einige Zeit später wurde genau diese Seele in ihre Familie hineingeboren.

Empfängnis

Die Seele tritt im Augenblick der Empfängnis in den Körper ein. Wenn Samen-und Eizelle sich vereinigen, leuchtet in der Astralwelt ein Blitz auf. Die dortigen Seelen, die zur Wiedergeburt bereit sind, machen sich rasch auf den

Weg, wenn ihre Schwingung dem Lichtblitz entspricht. Manchmal treten zwei oder mehr Seelen gleichzeitig ein und die Frau bringt Zwillinge, Drillinge oder sogar noch mehr Kinder zur Welt!

Es ist daher wichtig, dass ein Paar, wenn es körperlich zusammenkommt, dies mit erhöhtem Bewusstsein tut. Der in der Astralwelt erzeugte Blitz spiegelt den Bewusstseinszustand des Paares vor allem im Augenblick der körperlichen Vereinigung wider.

ELTERN UND KINDER

Die Liebe zwischen Eltern und Kindern

Gott ist vollkommene Liebe. Die Menschheit, die nach seinem Abbild geschaffen wurde, ist eine Widerspiegelung seiner Liebe. Die Menschen wurden aus Gott vertrieben, aber sogar die der Materie verhafteten Kinder bleiben auf ewig mit ihm verbunden durch ein langes, unsichtbares Band der Liebe, mit dem er sie ganz allmählich in die Wohnstatt zurückzieht, die sie in ihm haben. Wenn der Mensch selbstsüchtig und böse ist, versucht er sich von Gott zu entfernen. Wenn er wahrhaftig und rein liebt, folgt er ganz automatisch und von seinem eigenen unterbewussten Willen gelenkt dem unsichtbaren Band der Liebe, das ihn zu Gott zurückzieht. Obwohl Gott seine sterblichen Kinder weit fortgeschickt hat, hat er die Pforten seiner Liebe offen gelassen, damit sie zu guter Letzt in seine vollkommene Wohnstatt zurückkehren können.

Gott hat vorausgesehen, dass seine Kinder, ausgestattet mit der göttlichen Gabe des freien Willens, ihre Freiheit missbrauchen würden. Deshalb beharrte er darauf, ihnen der weise Vater zu sein, der seine hilflosen oder fehlgeleiteten Kinder beschützt. Da die väterliche Vernunft in seinen Augen nicht befriedigend war, wurde er auch zur Mutter, deren reine, bedingungslos gebende Liebe ihren fehlgeleiteten Kindern den Weg nach Hause weisen sollte. Für Eltern wurde Gott auch zum liebenden Kind, das ihre eheliche Liebe läuterte und sie über die Grenzen nach innen gerichteter Selbstsucht erweitern sollte. Die göttliche Liebe dehnt sich aus, wenn sie aus zwei vereinigten Herzen in ein drittes, kindliches Herz strömt.

Das bedeutet natürlich nicht, dass jeder Mensch heiraten muss, um seine menschliche Liebe zur göttlichen Liebe zu vervollkommnen. Menschliche Liebe kann auf erhabene Weise in göttliche Liebe transformiert werden, indem die Seele im Tempel der Meditation mit dem reinen Geist „verheiratet“ wird. Die Seele liebt die Meditation, denn sie birgt ihre größte Freude: Kontakt mit dem liebenden Geist Gottes. Jedem, der aufrichtig meditiert, wird es zu guter Letzt gelingen, reine, göttliche Liebe zu manifestieren.

Die Beziehung zwischen Eltern und Kindern

Die Beziehung zwischen Eltern und ihren Kindern ist ein metaphysisches und unumstößliches Gesetz Gottes, der Liebe ist. Er hat uns durch die Liebe zweier Menschen in unseren Körper gebracht. Deshalb können wir nur durch die Liebe unseren Weg zurück zu Gott finden. Die Liebe zwischen Eltern und Kindern ist das Laboratorium, in dem menschliche Liebe in vollkommene Liebe verwandelt werden kann. Gott manifestiert sich in der ehelichen Liebe, die dann durch die aufopfernde Liebe zu einem Kind geläutert wird.

Wenn Eltern und Kinder daran denken, dass ihre Beziehung nicht zufällig ist, sondern auf einem göttlichen Plan beruht, dann können sie im Laufe dieser irdischen Schule die Liebe in ihrem Herzen durch gegenseitige Güte ausdehnen. Gegenseitige Wertschätzung ist der Altar, auf dem Gottes Liebe zum Ausdruck kommt.

Eltern und Kinder sollten darauf achten, keine übermäßige Vertraulichkeit zur Schau zu tragen. Sie sollten ihre Beziehung außerdem nicht auf Zwang oder Autorität, sondern auf Liebe gründen. Wenn ihr Herz von Lieblosigkeit erfüllt ist, können sie niemals lernen, Gott zu lieben, der die Liebe ist. Wahre, selbstlose Liebe entwickelt sich am Altar elterlicher und kindlicher Liebe. Der Widerhall der Liebe Gottes verstummt, wenn schroffe Worte, Lieblosigkeit, Selbstsucht oder Misstrauen durch den Tempel des Körpers schallen.

Die Verantwortung von Eltern und Kindern

Eltern sollten ihr Kind als ehrwürdigen Tempel betrachten, in dem ihre eheliche Liebe geläutert und erweitert werden kann, um mit der Zeit in kindlicher Liebe zurückgespiegelt zu werden. Sie sollten das Gefühl haben, Gott in diesen kleinen Tempeln zu dienen. Die Kinder sollten ihre Eltern gleichermaßen als sichtbare Vertreter Gottes auf Erden betrachten.

Eltern sollten ihre Kinder niemals im Beisein anderer Menschen schelten. Barsches oder liebloses Verhalten, das auf mangelnder Selbstbeherrschung oder eigenen schlechten Gewohnheiten beruht, hindert Gott daran, seine Liebe vom Herzen der Eltern auf die Herzen ihrer Kinder auszudehnen. Eltern sollten sich davor hüten, ihre Kinder durch ständige Strenge zu Rebellion oder Verbitterung zu treiben. Sie sollten ihren fehlgeleiteten Kindern eindringliche, aber liebevolle Ratschläge erteilen. Sie sollten ihnen darüber hinaus nur die Dinge des täglichen Bedarfs, aber keine Luxusartikel in die Hand geben. Mache deine Kinder nicht zu Sklaven materieller Dinge oder selbstsüchtiger Habgier. Wohlhabende Eltern sollten darauf achten, dass sie ihre Kinder nicht mit zu viel Besitz und zu viel Geld verhätscheln.

Es ist wichtig, sich niemals zu stark an etwas oder jemanden zu binden. Eine Mutter sollte sich immer wieder sagen: „Wenn mein Kind erwachsen wird und fortzieht, oder sogar dann, wenn es stirbt, wird es mir genommen, damit Gott es verherrlichen kann. Ich bin um seinetwillen glücklich." Wenn die Mutter ihre natürliche menschliche

Anhaftung zurücknehmen kann, wird sie erkennen, was wahre Liebe ist. Anhaftung kann diese Liebe nicht nähren, sondern zerstört sie und ist in der Tat die Quelle großen Leids. Der Verlust einer Hütte kann uns in ebenso großes Elend stürzen wie der Verlust eines Palastes.

Kinder sollten in der Lage sein, ihre Eltern als Kanal zu betrachten, durch den Gottes Liebe erstmals in ihnen erweckt wird. Kinder, die ihren Eltern nicht gehorchen oder sie nicht achten, rebellieren gegen diesen Strom der göttlichen Liebe. Wenn du als Kind von deinen Eltern gedankenlos in Gegenwart anderer Menschen gescholten wirst, achte darauf, ihnen gegenüber niemals respektlos oder nachtragend zu sein. Eltern und Kinder, die einander quälen, peinigen den ihnen innewohnenden, ewig sanften, allmächtigen Gott.

Die Bedeutung der Umwelt für ein Kind

Die äußere Umwelt spielt in den frühen Lebensjahren eine besonders wichtige Rolle, wenn es darum geht, die innere, instinktive Umwelt des Kindes entweder zu stimulieren oder zu unterdrücken. Man wird mit einer bereits vor der Geburt bestehenden geistigen Umwelt geboren, deren Einfluss stimuliert und verstärkt werden kann, wenn die äußere Umwelt diese innere Umwelt unterstützt. Wenn die äußere Umwelt sich dagegen von der inneren Umwelt unterscheidet, ist es sehr wahrscheinlich, dass dieser innere Einfluss unterdrückt wird. So kann ein instinktiv bösartiges Kind durch die Unterdrückung seiner natürlich bösartigen Neigungen transformiert werden, wenn es sich in guter Gesellschaft befindet. Doch das Gegenteil kann ebenso der Fall sein: Die Gutartigkeit eines instinktiv gutartigen Kindes kann unterdrückt werden. Befindet das Kind sich dagegen in guter Gesellschaft, wird seine instinktive Gutartigkeit verstärkt. Deine äußere Umwelt steuert in Verbindung mit deiner inneren Umwelt durch alte und neu erworbene Gewohnheiten dein jetziges Leben und prägt deine Gewohnheiten und Geschmacksvorlieben in diesem Leben.

Kinder können eine äußerst starke gutartige oder bösartige Veranlagung, aber auch eine nur gering ausgeprägte gutartige oder bösartige Veranlagung haben. Ganz wenige Kinder kommen mit gleich stark ausgeprägten gutartigen und bösartigen Veranlagungen zur Welt. Sie tragen immer ein wenig mehr gute als schlechte Seiten oder ein wenig mehr schlechte als gute Seiten in sich. Es ist ein Naturgesetz, dass, wenn die gute Seite überwiegt, die schlechte Seite durch die Kraft des Guten transformiert wird. Wenn die schlechte Seite überwiegt, wird die gute Seite dagegen allmählich durch die größere Zahl und Stärke der schlechten Veranlagungen aufgesaugt.

Du erschaffst deine geistige Umwelt in diesem Leben durch die Art und Weise, in der du von der frühen Kindheit an auf deine äußere Umwelt reagierst. Diese innere Umwelt – deine Gedanken und geistigen Gewohnheiten – steuern fast automatisch dein Handeln. Wenn ein Junge bei Menschen lebt, die Alkohol verabscheuen, entwickelt er eine Abneigung gegen Alkohol. Wenn er später bei Menschen lebt, die alkoholsüchtig sind, ist die Wahrscheinlichkeit größer, dass er sich von ihnen nicht beeinflussen lässt.

Unabhängig davon, welche Qualitäten du jetzt besitzt, achte darauf, dir in Gedanken, Willenskraft, Wahrnehmung und Intuition der Auswirkungen jeder Handlung stets bewusst zu bleiben. Sei wie ein guter Fotograf immer bereit, vorbildliches Verhalten in geistigen Bildern festzuhalten und Beispiele schlechten Verhaltens zu übergehen. Dein höchstes Glück liegt in der stetigen Bereitschaft, aus Erfahrung zu lernen und dich entsprechend zu verhalten.

Meine Erfahrung mit Willenskraft in der Kindheit

Wenn ein Säugling weint, liegt der Grund meist darin, dass er ein körperliches Bedürfnis verspürt. Die erste Willensäußerung, die sich aus diesem körperlichen Zustand entwickelt, wird „physiologischer Wille" genannt.

Wenn der Säugling heranwächst und vom Willen der Mutter geleitet wird, bringt er einen „mechanischen" oder „nicht-denkenden" Willen zum Ausdruck, da die Mutter seinen Willen lenkt.

Ich will euch von einer Erfahrung berichten, die ich als Kleinkind gemacht habe. Ich erinnere mich, dass ich mich in der Phase des mechanischen Willens befand und immer einfach das tat, was die Mutter mir sagte. Alle nannten mich einen Engel. Eines Tages nahm mein Betreuer mich mit in einen Laden, in dem ich kleine orangefarbene Bonbons entdeckte. Sie übten eine ausgesprochen starke Anziehungskraft auf mich aus und ich bat meinen Betreuer, mir einige davon zu kaufen. Er lehnte ab und brachte mich stattdessen nach Hause. Ich sagte nichts.

Ich aß zu Abend. Dann erklärte ich meiner Mutter: „Ich will Bonbons." Sie erwiderte: „Nein, geh zu Bett." Ich wartete eine Weile und sagte dann: „Mutter, ich will diese kleinen, orangefarbenen Bonbons haben." Meine Mutter sagte: „Geh zu Bett." Daraufhin schrie ich noch lauter: „Ich will diese orangefarbenen Bonbons haben!" Ich war fest entschlossen, meinen Willen durchzusetzen, und hörte nicht auf ihre Aufforderung, mir die Bonbons aus dem Kopf zu schlagen. Schließlich musste Mutter zum Laden gehen und tatsächlich den Ladenbesitzer wecken, um die Bonbons für mich zu besorgen.

Ich war glücklich. Warum? Weil ich plötzlich meine *eigene* Willenskraft ausgeübt hatte. Es war ein ganz wunderbares Gefühl. Am nächsten Morgen wurde ich natürlich als „ungezogenes Kind" bezeichnet. Das lag aber nur daran, dass ich meinen Willen durchgesetzt hatte.

Eltern, brecht den Willen eures Kindes nicht, indem ihr ihm immer wieder seine unbequemen Bitten verweigert, nur weil es ein kleines Kind ist. Wenn ich den Entschluss fasste, dass ich etwas haben wollte, von dem ich wusste, dass es mir nicht schaden konnte, musste meine Familie zustimmen. Ich hörte immer auf die Vernunft und wenn ich im Unrecht war, ließ ich mich sehr bereitwillig korrigieren. Wenn ich im Recht war, blieb ich jedoch standhaft, auch wenn die ganze Familie sich gegen mich stellte.

Wenn eure Kinder eigensinnig etwas durchsetzen wollen, das nicht falsch und vielleicht sogar gerecht ist, bezeichnet sie nicht als ungezogen. Beschneidet ihre Freiheit nicht. Hört auf ihre kleinen Wünsche und macht Vorschläge, die auf Liebe und Verständnis beruhen. Diskutiert mit ihnen. Wenn sie auf etwas beharren, sagt nichts. Lasst zu, dass sie, falls nötig, ihre eigenen kleinen Schläge einstecken müssen. So lernen sie zu verstehen. Und sie lernen viel früher, was richtig ist.

Eltern zwingen Kindern oft ihren Willen auf. Deshalb habe ich als Kind nie gerne gebetet. Mein Problem lag darin, dass ich nicht verstand, worin der Sinn des Gebets lag. Als ich aber begriff, dass es nicht darum ging, einen unwilligen Gott gnädig zu stimmen, sondern vielmehr darum, ihm aus meiner Seele heraus Liebe zu schenken, konnte ich aufrichtig beten und jeder in meinem Heim hörte zu. Gebt eurem Kind die Freiheit und schlagt ihm nur liebevoll vor, was ihr für richtig haltet. Denkt daran, dass die Willenskraft eurer Kinder sich entwickeln können muss.

Fordert nach Möglichkeit nichts von eurem Kind, das ihr nicht mit einem guten Grund untermauern könnt.

Du sollst Vater und Mutter ehren

Jeder Mensch sollte Vater und Mutter ehren, ihnen aber nicht so verhaftet sein, dass er ihnen gehorchen und Gott aufgeben würde, wenn sie ihn bitten, den Weg der Entsagung oder der Meditation über Gott zu verlassen. Gott sollte im Leben vor allen anderen Menschen und vor allen

Wünschen an erster Stelle stehen. Die Verabredung mit Gott in der Meditation muss über alles andere gestellt werden. Tatsächlich kann niemand eine andere Verabredung im Leben einhalten ohne die Energie und die geistige und körperliche Stärke, die er von Gott bezieht.

KAPITEL 5
TRENNUNG UND VERLUST

Ich erinnere mich an ein Paar, das in Phoenix zu mir kam und mich darum bat, sie „sofort“ zu trauen. Ich erklärte ihnen: „Ich muss die Menschen kennen, die ich traue. Ich möchte über eure Bitte meditieren. Kommt morgen wieder.“ Der Mann war wütend angesichts dieser Verzögerung.

Als sie am darauffolgenden Tag wiederkamen, drängte er mich: „Geht es in Ordnung?“

„Nein“, sagte ich.

Er wurde wieder wütend. „Lass uns verschwinden, Liebling! Wir können uns von jemand anderem trauen lassen.“

Sie hatten die Tür schon fast erreicht, als ich ihnen zurief: „Denkt an meine Worte. Ihr werdet niemals glücklich miteinander sein. Das werdet ihr allerdings erst herausfinden, wenn es zu spät ist. Ich bitte euch, bringt euch wenigstens nicht gegenseitig um!“

Sie wurden an einem anderen Ort getraut. Kurze Zeit später besuchten sie mich in Mt. Washington, um mir zu zeigen, wie glücklich sie waren. Ich sagte nichts, dachte aber insgeheim: „Ihr wisst nicht, was für ein brodelnder Kessel sich unter diesem Deckel verbirgt!“

Sechs Monate später kehrten sie zurück. Diesmal knieten sie demütig vor mir nieder und gestanden: „Wir haben nicht erkannt, wie unterschiedlich wir vom Wesen her sind. Wenn Sie uns nicht gewarnt hätten, hätten wir uns am Ende sicher gegenseitig umgebracht.“ In ihrem Gefühlsrausch hatten sie nicht bemerkt, wie groß die ungestüme

Kraft war, die ihren beiden Wesensnaturen und somit auch ihrer Beziehung innewohnte.

Die Menschen müssen lernen, hinter den Schleier oberflächlicher Anziehung zu schauen, denn ohne Seelenharmonie kann es keine wahre Liebe geben.

Anhaftung und Liebe

Anhaftung ist ein blindes Gefühl, das seelische Qualen verursacht. Sie bewirkt nichts. Anhaftung ist nicht Liebe. Wahre Liebe ist nur im Glück des geliebten Menschen glücklich. Du sagst, dass du deinen wunderbaren Freund liebst, seine Gesellschaft genießt und ihm gerne dienst. Dann verlässt er dich. Wenn du ihn vergisst, nachdem er fort ist, bist du herzlos. Wenn du dich unglücklich machst, weil du Tag und Nacht an deinen Verlust denkst, bist du töricht. Diese Anhaftung tut weder dir noch deinem Freund gut. Du solltest dir stattdessen sagen, dass du eines Tages verstehen wirst, warum er gegangen ist. Wünsche ihm Glück und bete dafür, dass es, da er fort ist, seinem eigenen Wohl dient. Gottes Wille, worin er auch immer bestehen mag, und das Wohl deines Freundes sollten das sein, was du dir wünschst.

Wenn du bereits verheiratet bist, dich aber für den falschen Partner entschieden hast, versuche nach Möglichkeit, das Beste aus der Situation zu machen. Wenn du um deiner Kinder willen oder aus einem anderen triftigen Grund bei deinem Partner bleiben willst, versuche deine eigenen geistigen Unzulänglichkeiten zu überwinden und lasse das Verstehen siegen. Wenn dir das gelingt, hast du eine wichtige Lektion in der Kunst richtigen Verhaltens und in der unwiderstehlichen Fähigkeit gelernt, mit allen Menschen auszukommen.

Ein Mann, der eine nörgelnde Partnerin auf diplomatischem Weg erobern kann, ohne dadurch zum „Pantoffelhelden" zu werden, kann jeden Menschen für sich gewinnen. Eine Frau, die einen untreuen Partner durch verzeihende, anhaltende, stillschweigende Liebe und eine anhaltende Bezeugung von Güte und Unerschütterlichkeit erobern kann, kann stets in der uneinnehmbaren Burg ihres inneren Glücks verweilen.

Wenn du deinen Mann liebst, versuche ihm alle seine Fehler zu verzeihen, selbst seine Untreue, und gib ihm genügend Zeit, sich durch den Balsam deiner anhaltenden Liebe von seiner inneren Schwäche zu erholen. Die meisten Frauen überhäufen ihren auf Irrwege geratenen Mann selbst dann mit Lieblosigkeit und scharfen Worten, wenn er insgeheim reumütig ist. Das hat offene Rebellion zur Folge. Treibe euer Missverständnis nicht so weit, dass giftige Wutausbrüche die Folge sind. Lasse deinen Partner durch deine zunehmende Liebe wissen, dass du seine Heilung im Sinn hast. Wenn ein Mann im Unrecht ist und weiß, dass er im Unrecht ist, hasst er es, auf seine Fehler hingewiesen zu werden. Er rebelliert, weil er nicht abgestempelt werden will.

Wenn du mit deinem Partner in Frieden auskommen möchtest, enthalte dich barscher Worte. Wenn du willst, dass dein Partner keine barschen Worte benutzt, solltest du sie selbst auch nicht benutzen. Barsche Worte führen zu einer immer stärkeren Flut barscher Worte. Sie können sie niemals beenden. Warum willst du so weit gehen, dass der Mensch, mit dem du zusammenlebst, dich insgeheim hasst? Bedenke die Folgen: ein fliegendes Nudelholz, ein blaues Auge und schließlich die Scheidung. Berichtige stillschweigend deine eigenen Fehler und beseitige jede Ursache, die zu barschen Worten, Streitigkeiten und Hass zwischen dir und deinem Partner geführt haben könnte.

Wenn du willst, dass der himmlische Vater dir den Weg zur Harmonie in der Partnerschaft weist, entscheide dich dafür, in Gedanken, Worten und Taten freundlich zu deinem Partner zu sein, selbst wenn ihr am Ende beide beschließt, euch zu trennen. Entscheide dich vor allem dafür, dich nicht nur deshalb einer hasserfüllten oder ungehobelten Sprache zu bedienen, weil dein Partner es tut. Wenn du die Gehässigkeit deines Partners hasst, lasse nicht zu, dass der gleiche geistige Schmutz deine eigenen Lippen, Gedanken oder Taten befleckt. Wenn es dazu kommt, dass ihr euch trennen müsst, tut es in Freundlichkeit und Güte. So gelingt es deinem Partner vielleicht, insgeheim seine Fehler einzugestehen und innerlich Buße zu tun. Müsst ihr dagegen zusammenleben, vergrößere den Ärger deines Partners nicht, indem du seine Missverständnisse noch verstärkst. Versiegele deine Lippen. Vermeide Lieblosigkeit und Unfreundlichkeit in deinen Gedanken, Worten und Taten. Gewinne deinen Partner für dich, indem du ihm anhaltende Freundlichkeit entgegenbringst und dafür sorgst, dass dein Handeln stets von Zuvorkommenheit geprägt ist.

Wenn ihr euch trennen müsst, könntest du einen Liebesbrief schreiben, der sich so oder so ähnlich lesen kann: „Mein(e) Liebe(r), wir haben einander einmal geliebt. Erinnern wir uns an diese Liebe. Nachdem wir unsere eheliche Partnerschaft in gutem Willen eingegangen sind, aber darin versagt haben, sie erfolgreich zu gestalten, wollen wir uns gütlich und in der Erinnerung an diese Liebe trennen. Ich verlasse dich, um meine liebenden Gedanken über dich auf ewig zu bewahren, denn unsere vergangene Liebe wird in der Schatzkammer meiner Erinnerung stets einen heiligen Platz einnehmen."

Verweile nach tiefer Meditation längere Zeit in der Freude des göttlichen Vaters. Konzentriere dich dann auf den Punkt zwischen den Augenbrauen und wiederhole vor dem Zubettgehen oder nach dem Aufwachen in Gedanken die Worte: „Vater, wir sind zusammengekommen. Lehre uns, in Liebe miteinander zu leben oder, wenn es dein Wille ist, uns in Liebe und gegenseitigem Verstehen zu trennen."

Warum die Menschen, die wir lieben, sterben

Gott gab sich nicht damit zufrieden, nur Früchte, Blumen und landschaftliche Schönheit zur Unterhaltung des Menschen zu erschaffen. Er nahm die Gestalt von Eltern an, um dem kindlichen Menschen seinen Schutz zu gewähren. Gott begnügte sich nicht damit, Kinder nur durch den unwiderstehlichen Instinkt der elterlichen Liebe zu schützen, sondern nahm auch die Gestalt von Freunden an, um ihnen grenzenlose Liebe zu schenken. So spielt die Liebe Gottes Verstecken im Herzen des Menschen.

Das Kind wächst in Liebe zu seinen Eltern auf. Es wird erwachsen. Dann sterben seine Eltern und der erwachsene Mensch empfindet Schmerz über die Liebe, die er verloren hat. Er sucht Trost, indem er sich verliebt, und findet eine starke eheliche Liebe, die sein Herz beherrscht und alle anderen Formen der Liebe in den Schatten stellt.

Mit der Zeit erlischt die ursprüngliche Glut seiner ehelichen Liebe. Er fragt sich: „Wo ist meine überströmende Liebe geblieben?"

Ältere Paare entwickeln ein freundschaftliches Verständnis füreinander, können sich aber niemals wieder mit der leidenschaftlichen Liebe ihrer Jugend lieben. Die Liebe verbirgt sich hinter dem Schleier materieller Anhaftungen. Dort bleibt sie fast immer für alle Zeit verborgen und zeigt sich nie wieder in der Form, die das Herz schmelzen lässt.

Wenn deine Eltern sterben und du ihre Liebe verlierst, und wenn du alt wirst und das Feuer der ehelichen Liebe nicht mehr fühlen kannst, denke daran: Die Liebe selbst ist nicht verloren.

Die wahre Liebe verbirgt sich nach wie vor im Herzen jedes Lebewesens – sogar in den Blumen und in den stillen Sternen. Gott verbirgt seine Liebe dort, damit du sie wiederentdecken kannst, geschmückt mit den Gewändern ewiger Pracht.

Warum bringt die Natur uns dazu, manche Menschen von ganzem Herzen zu lieben, nur um sie uns – zumindest aus unserer Sicht – anschließend wieder zu entreißen?

Die göttliche Liebe spielt Verstecken mit uns im Leben, verbirgt sich dann hinter dem Schleier des Todes, damit wir trotzdem nach ihr suchen und sie im geheimen Gemach der Allgegenwärtigkeit finden. Die Liebe führt uns durch die endlosen Irrgärten von Leben und Tod, um uns in das Land zu bringen, in dem die vollkommene Liebe in all ihrem Glanz erstrahlt. Die Liebe lebt tatsächlich sogar im Tod weiter.

Der Mond lacht über die Liebenden, die einander ewige Liebe geschworen haben, denn ihre Schädel sind nun über die Erde verstreut und niemand kann diese menschliche Liebe mehr in Worte fassen.

Doch die *wahre* Liebe spricht: „Mögen der Mond und das Schicksal auch über die menschliche Unbeständigkeit und Vergänglichkeit lachen, so können sie doch niemals über mich lachen. Ich habe die Gefängnisse aus Knochen und Fleisch zerstört, in denen der sterbliche Mensch mich auf ewig gefangen halten wollte. Doch seht: Obwohl ich ihre menschliche Liebe zerstört habe, habe ich ihre Seelen dazu gebracht, den Weg tief empfundenen Schmerzes zu gehen, der zu meinem Versteck im Herzen allen Raums führt. Hier ruhen wahre Liebende für alle Zeit in meiner unendlichen, sich stets erneuernden Glückseligkeit. Es ist allein meine unsterbliche Liebe, die sie durch andere, weit geringere Formen der Liebe gesucht haben."

Die göttliche Liebe spricht zu allen Menschen: „Wenn ihr mich liebt, dann liebt ihr mich nicht in einem, sondern in allen Wesen. Denkt daran: Auch wenn ihr versucht, mich in einem einzigen Menschen gefangen zu halten, werde ich am Ende den Körper zerstören, den er bewohnt. Das tue ich, damit ihr lernt, mich in allen Wesen zu finden."

KAPITEL 6

DER FREUND ALLER FREUNDE

O Vater, als ich blind war, fand ich nicht eine Tür, die zu dir führt, aber nun, da du meine Augen geöffnet hast, entdecke ich überall Türen: durch das Herz der Blume, durch die Stimme der Freundschaft, durch die liebliche Erinnerung an alle schönen Erfahrungen. Jeder Windhauch meines Gebets öffnet eine Pforte im unermesslich großen Tempel deiner Gegenwart, durch die ich bislang noch nicht eingetreten bin.

Mit der Liebe aller menschlichen Formen der Liebe habe ich dich, du Gott aller Formen der Liebe, lieben gelernt. Du bist der beschützende Vater. Du bist das kleine Kind, das lispelnd den Eltern seine Liebe bekennt. Du bist die Mutter, die uns mit unendlicher Güte überhäuft. Du fließt in der alles hingebenden Liebe des Liebenden zum Geliebten. Du bist die Liebe unter Freunden. Läutere mich in der Verehrung eines Dieners für seinen Meister. Lehre mich, dich mit reiner Liebe zu lieben, da du der Urquell himmlischer und irdischer Liebe bist. Tauche mich ein in die Gischt allumfassender Liebe.

Buddha und die Kurtisane

Buddha und seine Schüler hatten ein eigenartiges Erlebnis, das den Schülern eine Zeit lang Rätsel aufgab, was den Charakter ihres Meisters betraf. Sowohl Buddha als auch seine Schüler hatten ein zölibatäres Leben und den Verzicht auf fleischliche Liebe gelobt. Als Buddha und seine Schüler eines Tages im kühlen Schatten eines Baums rasteten, näherte sich ihnen jedoch eine Kurtisane, die vom strahlenden Gesicht des Meisters angezogen worden war. Kaum hatte sie Buddha erblickt, verliebte sie sich in ihn, lief mit offenen Armen zu ihm hin, um ihn zu umarmen und zu küssen, und rief laut: „O du Schöner, du Strahlender, ich liebe dich."

Die enthaltsamen Schüler waren sehr erstaunt, als sie Buddhas Antwort an die Kurtisane vernahmen. Er sagte: „Geliebte, ich liebe dich auch. Doch berühre mich jetzt nicht. Noch nicht."

Die Kurtisane erwiderte: „Du nennst mich Geliebte und bist mein Geliebter. Warum hast du etwas dagegen, dass ich dich berühre?"

Der große Buddha antwortete: „Geliebte, noch einmal sage ich dir, dass ich dich später berühren werde, nicht jetzt. Dann werde ich dir meine wahre Liebe beweisen." Die Schüler waren schockiert, denn sie glaubten, der Meister habe sich in die Kurtisane verliebt.

Viele Jahre später, als Buddha gemeinsam mit seinen Schülern meditierte, rief er ganz plötzlich aus: „Ich muss gehen! Meine Geliebte, die Kurtisane, ruft mich, denn sie braucht mich jetzt. Ich muss das Versprechen einlösen, das ich ihr gegeben habe." Die Schüler rannten hinter ihrem Meister her und hofften, ihn irgendwie retten zu können, obwohl er wahnsinnig in die Kurtisane verliebt schien.

Buddha und seine um ihn besorgten Jünger kamen zu demselben Baum, an dem sie der Kurtisane schon einmal begegnet waren. Dort lag sie, ihr schöner Körper übersät mit faulenden, übelriechenden Pockengeschwüren. Die Schüler erschauderten und hielten sich von ihr fern. Buddha nahm ihren verfaulenden Körper dagegen in die Arme, hielt sie wie ein Kind, legte ihren Kopf in seinen Schoß und flüsterte ihr zu: „Geliebte, ich bin gekommen, um dir meine Liebe zu beweisen und mein Versprechen, dich zu berühren, zu erfüllen. Ich habe lange gewartet, meine wahre Liebe zu zeigen, denn ich liebe dich, wenn alle anderen aufgehört haben, dich zu lieben. Ich berühre dich, wenn alle Freunde deines Sommers sich davor fürchten, dich noch länger zu berühren." Mit diesen Worten heilte Buddha die Kurtisane, und nachdem er sie nun von allem fleischlichen Verlangen geläutert hatte, lud er sie ein, sich seiner wachsenden Schülerschar anzuschließen.

Persönliche Liebe ist selbstsüchtig und hat ihre eigenen Annehmlichkeiten im Sinn – oft auf Kosten alles anderen. Göttliche Liebe ist selbstlos. Sie erstrebt das Glück des Objekts ihrer Liebe und ist weder begrenzt noch parteiisch. Gott liebt die Bösen und die Guten gleichermaßen, denn sie sind seine Kinder. Alle, die danach streben, ihn zu erkennen, müssen ihm beweisen, dass ihre Liebe – wie seine Liebe – allen gilt. Wenn eine Seele dem himmlischen Vater beweist, dass sie ihre guten und bösen Brüder gleichermaßen liebt, sagt der Vater: „Mein edles Kind, ich nehme deine Liebe an, denn du liebst alle Menschen mit meiner Liebe, wie ich es tue." Die zu lieben, die dich lieben, ist natürlich, aber vom Ego eingegeben. Die zu lieben, die dich nicht lieben oder dich sogar hassen, heißt, übernatürlich zu lieben und Gott in allen zu sehen.

Was ist die wahre Liebe?

Besinne dich jederzeit auf diese tiefe Wahrheit: Du gehörst niemandem und niemand gehört dir. Du bist nur für eine kurze Weile auf dieser Erde zu Gast. Der wahre Grund dafür, dass du hier bist, unterscheidet sich grundlegend von allem, was du dir vielleicht vorgestellt hast.

Deine Familie erhebt Anspruch auf dich. Wenn du aber stirbst und nebenan wiedergeboren wirst, werden sie dich dann auch noch lieben? Werden sie dich überhaupt erkennen?

Deine Freunde erheben Anspruch auf dich, aber wie viele dieser Freunde bleiben dir treu, wenn du auf irgendeine Weise ihr Missfallen erregst, und sei es nur durch ein triviales Missverständnis? Es werden jedenfalls ganz sicher nicht alle sein.

Die Menschen sagen, dass sie andere Menschen lieben, aber in Wirklichkeit lieben sie sich selbst. Denn die Liebe, die sie für andere empfinden, geht nur so weit, wie andere *ihnen* gefällig sind.

Die wahre Liebe findet ihr Glück – auch um den Preis großer persönlicher Opfer – im Glück des geliebten Menschen. Wie viele Menschen lieben auf diese Weise? Sehr wenige! Und wie viele von diesen wenigen stellen fest, dass ihre Liebe erwidert wird? Noch weniger!

Allein unsere Liebe zu Gott wird jemals voll und ganz erwidert – in der Tat sogar weit mehr als nur erwidert. Denn Gott versteht uns, wenn alle anderen uns falsch verstehen. Gott liebt uns, wenn andere sich gegen uns wenden. Gott denkt an uns, wenn alle anderen uns vergessen. Wir gehören Gott – und nur Gott – in alle Ewigkeit.

Reine Liebe

Die Sonne, der Mond, die Erde und alle Dinge werden durch die bindende Kraft der Liebe Gottes zusammengehalten. Wenn wir Gott erkennen wollen, dürfen wir unsere Liebe nicht klein und getrennt halten, sondern müssen sie mit der göttlichen Liebe vereinigen. Wisse durch den Tanz von Leben und Tod hindurch, dass Gott Liebe ist. Der einzige Zweck des Lebens sollte darin bestehen, diese Liebe zu finden. Es gibt kein stärkeres Elixier. Sie kann den Menschen in Körper und Geist verschönern. Liebe kann weder beschrieben noch definiert, sondern nur als tiefes Gefühl erfahren werden.

Alle Liebe ist in ihrer ursprünglichen Reinheit Gottes Liebe. Wenn die reine Liebe in deiner Seele leuchtet, bist du in Gottes ewig anziehende, universelle Schönheit und unendliche Liebe gekleidet. Alle Nationen sollten sich im Tempel universeller Liebe und Verständigung versammeln. Allein die Liebe hat Bestand. Die Gesetze Gottes sind die Gesetze der Brüderlichkeit und der Liebe.

Obwohl die Liebe des Menschen in seinen menschlichen Beziehungen und aus der Erkenntnis gegenseitiger Nützlichkeit heraus geboren wird, überschreitet die reine Liebe in ihrer spirituellen Entwicklung alle äußeren Beziehungen und wird von allen Bedingungen gegenseitiger Nützlichkeit befreit. Obwohl die Liebe in diesem Gefühl der Nützlichkeit geboren wird, bist du dir derartiger äußerer Bedingungen nicht länger bewusst. Die Liebe einer Mutter zu ihrem Kind kann hier als Beispiel dienen, denn sie ist bedingungslos. Eine Mutter kann sogar ein bösartiges Kind lieben.

Unsere Liebe ausdehnen

Unsere Liebe darf nicht auf die Menschen beschränkt sein, die uns nahe sind. Der göttliche Zweck enger Beziehungen besteht darin, diese Liebe auszudehnen. Die Natur zerbricht unsere familiären Bande, um uns zu lehren, dass die Liebe, die wir unserer Familie schenken, auf unsere Nachbarn, unsere Freunde, unser Land und alle Völker ausgedehnt werden muss. Wer seine Familie nicht liebt, kann seinen Nachbarn oder sein Land nicht lieben. Wer nicht zuerst sein Land liebt, kann nicht lernen, alle Länder zu lieben.

Liebe ist ein Geistes- und Herzenszustand, der im Grunde alle Beziehungen überschreitet. Wir sollten Gott vor allem in diesen Beziehungen verehren. Gott kann als Vater, Mutter, Meister, Freund oder der göttliche Geliebte aller Herzen geliebt werden.

Die Liebe darf niemals in Kleinheit begrenzt bleiben. Durch die Pforten der Freundschaft, der ehelichen Zuneigung, der elterlichen Liebe und der Liebe zu den Mitmenschen und zu allen beseelten Geschöpfen können wir in das Reich göttlicher Liebe eintreten. Die reine Liebe entsteht nicht durch Reden, sondern dadurch, dass wir sie ganz allmählich im Nährboden eines ständig wachsenden und sich immer weiter ausbreitenden Gefühls von Wohlwollen und Freundschaft gegenüber der gesamten Existenz kultivieren.

Wer niemals einen bestimmten Menschen geliebt hat, der kann niemals die gesamte Menschheit lieben. Wer niemals seine Mitmenschen und sogar Vögel und Tiere geliebt hat, der kann niemals Gott lieben. Die göttliche Liebe kann nur im Nährboden des Herzens wachsen und gedeihen, in dem die menschliche Liebe wächst und gedeiht.

Das Königreich deines Herzens ausdehnen

Um Gott zu fühlen, musst du das Territorium tief empfundenen Fühlens selbst ausdehnen. Du fühlst gegenwärtig nur mit deinem eigenen Herzen. Versuche jeden Tag immer mehr auch mit den Herzen der anderen Menschen zu fühlen. Fühle ihre Sorgen, ihr Ringen, ihre Freuden, ihre Erfüllung. Die Herzen anderer Menschen fühlen heißt, dass du nicht nur in dein Selbstgefühl vertieft bleiben darfst, sondern für andere Menschen ebenso sorgen musst wie für dich selbst, sie mit demselben Interesse und derselben Begeisterung lieben und schützen musst, wie du sie für dich selbst aufbringst.

Beginne damit, dass du ein Feingefühl für die Bedürfnisse eines anderen Menschen entwickelst. Erweitere den Kreis dieses Feingefühls jeden Tag, indem du mehr Menschen einbeziehst. Deine Gefühle ihnen gegenüber sollten aktiv und nicht nur passiv und sentimental sein. Versuche andere Menschen *aktiv* zu lieben, indem du ihnen Tag für Tag hilfst. Das gilt besonders für die Menschen, die dich lieben. Handle mit dieser geistigen Einstellung, bis es dir gelingt, selbst den Menschen zu helfen, denen du gleichgültig bist. Dehne dieses Gefühl der Liebe, des guten Willens und der spontanen Hilfsbereitschaft immer weiter aus, bis es zu guter Letzt auch die Menschen einschließt, die dich nicht kennen, und sogar die, die dich hassen. Diese konkrete, praktische Vorgehensweise erlaubt der Seele, ihre Erfolge von Herz zu Herz auszuweiten, indem sie ihre Grenzen immer mehr ausdehnt, bis sie schließlich ihr rechtmäßiges Königreich göttlichen Bewusstseins im Herzen aller Geschöpfe zurückgewinnt.

Fühle das eine Herz Gottes

Deine unermüdliche Liebe und selbstlose Bereitschaft, anderen Menschen ohne Ansehen von Geschlecht, Kaste oder Glauben zu helfen, machen dein Herz weit genug, um die ganze Menschheit darin aufzunehmen. Wenn die Liebe zu allen Menschen und, ja, zu allen Lebewesen erst einmal in die Gefühle deines Herzens eingeflossen ist, verschmilzt dein Herz mit dem Herzen Gottes und wird eins mit ihm. Wenn du alle Herzen als ein Herz fühlst, fühlst du das kosmische Herz, das hinter allen Herzen schlägt. Wenn du über die Begrenzungen der persönlichen, selbstsüchtigen Liebe hinausgelangst und alle Menschen gleichermaßen liebst, fühlst du die eine große Liebe, die immerwährend und auf ewig als reine weiße Flamme auf dem universellen Altar aller Herzen brennt. Sprich still zu deiner eigenen Seele: „Ich will allein deine Liebe aus allen Bechern trinken, Gott! Aus den goldenen, silbernen und kristallenen Bechern der Welt und auch aus den leuchtenden, unsichtbaren Bechern menschlicher Herzen will ich allein deine Liebe trinken!"

Wenn du die göttliche Liebe erkennst, die heimlich in allen Herzenslampen brennt, wirst du dir nur noch der Liebe Gottes bewusst sein, die alle und alles durchströmt.

Immer wenn du einem aufgeschlossenen Menschen begegnest, zeige ihm dein Interesse an seinem körperlichen, geistigen und seelischen Wohlergehen. *Versäume es niemals, alles zu tun, was du für dich selbst in der Gestalt anderer Menschen tun kannst.* Um den reinen Geist zu erkennen, musst du zum reinen Geist werden und dich durch den Körper und Geist aller Menschen manifestiert wiederfinden. Vereine die kleine Luftblase des Egos mit dem Ozean des reinen Geistes. Mache sie groß, so groß, dass du die Luftblasen aller lebenden Wesen erblickst, die darin treiben. Reiße die Grenzen der kleinen Selbstsucht nieder und schließe alle lebenden Wesen in die grenzenlose Selbstlosigkeit ein, die kein Ego kennt.

Singe das Lied des kosmischen Bewusstseins

So soll es sein, o Herr,
Du und ich, niemals getrennt.
Welle des Meeres,
Vergehe im Meer!
Ich bin die Welle,
Mache mich zum Meer!

Reiße die Mauern der Selbstsucht nieder. Mache deine Liebe groß und tief genug, um alle Wesen darin aufzunehmen.

Liebe Gott durch alle Herzen

Trinke den Nektar der göttlichen Liebe in allen Herzen. Betrachte jedes Herz als deinen eigenen Weinkelch, aus dem du die frische Ambrosia der Liebe Gottes trinkst. Trinke sie reichlich nicht nur aus einem, sondern aus allen Herzen: die Liebe Gottes allein.

Fühle Gott als die göttliche Liebe, die in allen Herzen angelegt ist und sich dort manifestieren kann. Fühle Gott in der unvoreingenommenen Liebe, die du für die ganze Menschheit empfindest, und in der zärtlichen Liebe, die du allen geschaffenen Wesen entgegenbringst.

Dann wirst du imstande sein, das einzige Gebet zu sprechen, das ich selbst jemals gesprochen habe: „Himmlischer Vater, möge deine Liebe ewig auf das Heiligtum meiner Hingabe leuchten. Und möge meine Hingabe zu dir für immer auf dem Altar meiner Erinnerung brennen. Möge ich fähig sein, die Liebe zu dir auf allen Herzensaltären zu entzünden."

❧

Die Liebe ausdehnen

Ich will Gott selbst erblicken, der mir seine göttliche Liebe durch die Liebe all derer schenkt, die mich lieben.

❧

Alles Verlangen nach Liebe will ich in der heiligen göttlichen Liebe Gottes läutern und befriedigen.

Alle irdischen Freunde, die dir heute so wirklich erscheinen, werden eines Tages unwirklich sein, weil sie von dir gehen. Dann wird sich der Eine als dein einzig wahrer, bleibender Freund erweisen, dessen Liebe dir nun so ungreifbar erscheint. Rufe nach Gott in den Tiefen der Nacht, unverwandt, aus tiefstem Herzen, fest entschlossen. Höre nicht eher auf, nach ihm zu rufen, bis er zu dir kommt.

❧

O göttliche Mutter, lehre mich, das Geschenk deiner Liebe in meinem Herzen zu nutzen, auf dass ich die Mitglieder meiner Familie mehr lieben möge als mich selbst. Segne mich, auf dass ich meine Nachbarn mehr lieben möge als meine Familie. Dehne mich aus, auf dass ich mein Land mehr lieben möge als meine Nachbarn und meine Welt und alle menschlichen Brüder mehr als mein Land, meine Nachbarn, meine Familie und mich selbst.

Und schließlich lehre mich, dich mehr zu lieben als alles andere, denn es ist deine Liebe, mit der ich alles liebe. Ohne dich vermag ich niemanden und nichts zu lieben.

Göttlicher Vater, lehre mich, durch die Pforten der Liebe zu meiner Familie und zu meinen Freunden das Haus einer umfassenderen gemeinschaftlichen Liebe zu betreten. Lehre mich dann, durch die Pforten der gemeinschaftlichen Liebe in das größere Haus einer völkerübergreifenden Liebe einzutreten. Lehre mich, durch die Pforten der völkerübergreifenden Liebe in das unendliche Reich der göttlichen Liebe einzutreten, in dem ich erkenne, dass alle belebten und unbelebten Dinge durch deine Liebe atmen und leben.

Lehre mich, nicht an einem der faszinierenden, aber weniger bedeutenden Schreine der familiären, gemeinschaftlichen oder völkerübergreifenden Liebe zu säumen. Lehre mich, über diese unbedeutenderen Götter hinauszugehen, deren Herrschaft auf kleine Reiche selbstsüchtiger, menschlicher Liebe beschränkt ist, bis ich die letzte Pforte selbstloser Liebe durchschreite und in das unendliche Reich der göttlichen Liebe eintrete, in dem ich alle lebenden, halblebenden oder schlafenden Dinge als mein Eigentum erkenne.

ABBILDUNGSVERZEICHNIS

ÜBER DEN AUTOR

Paramhansa Yogananda war der erste indische Yogameister, der dauerhaft im Westen lebte und lehrte. Yogananda kam 1920 in die Vereinigten Staaten von Amerika und bereiste auf seinen, wie er sie nannte, „spirituellen Feldzügen" das gesamte Land. Sein begeistertes Publikum füllte die größten Hallen. Yogananda war eine nationale Sensation und die großen Medien der damaligen Zeit – Time Magazine, Newsweek und Life eingeschlossen – berichteten umfassend über seine Vorträge und Bücher. Er wurde von Präsident Calvin Coolidge sogar ins Weiße Haus eingeladen. Yogananda lehrte und schrieb bis zu seinem Tod im Jahr 1952.

Als Autor der *Autobiographie eines Yogi*, die erstmalig 1946 veröffentlicht wurde, setzte Yogananda weltweit eine spirituelle Revolution in Gang. Seine Botschaft war überkonfessionell und universell.

Weitere Titel aus dem Verlag Via Nova:

Vollkommene Gesundheit und Vitalität

Paramhansa Yogananda

Taschenbuch, 144 Seiten, 10 Fotos, ISBN 978-3-86616-402-4

Dieses Buch stammt direkt aus der Quelle der Weisheit eines der bedeutendsten spirituellen Lehrer des 20. Jahrhunderts, und es vermittelt ein einzigartiges und außergewöhnliches spirituelles Wissen. Es zeigt umfassend, wie Sie ganz praktisch und konkret im Einklang mit den natürlichen kosmischen und göttlichen Energien leben können und sie gezielt und effektiv für die Erhaltung Ihrer Gesundheit und Vitalität nutzen können. Behandelt werden alle essentiellen Themen, die ein lebenslanges Wohlergehen ermöglichen, von den vielfältigen Aspekten der Ernährung, über Techniken der Entspannung, Regeneration und Verjüngung bis hin zur bewussten Lenkung kosmischer und göttlicher Energien. Das Buch vermittelt Gesundheitswissen von unschätzbarem Wert, das bei jedem Menschen zu lebenslangem Wohlbefinden beitragen kann.

Die stärkende Kraft der Meditation – innere Ruhe und Klarheit gewinnen

Paramhansa Yogananda

Taschenbuch, 128 Seiten, ISBN 978-3-86616-441-3

Dieses Buch des weltberühmten Yogameisters Paramhansa Yogananda (Autor von „Autobiografie eines Yogis") ist ein „Juwel der Weisheit", denn es zeigt uns klar und direkt den Pfad zu wahrer innerer Kraft und Stärke und legt dar, wie wir als Menschen unser größtmögliches Potential realisieren können Denn alles, was wir suchen, ist schon da: in uns selbst, ein „göttlicher Samen", der nur befreit werden muss von inneren Hindernissen, negativen Gedanken und belastenden Gefühlen. Die hier erstmals in deutscher Sprache veröffentlichten Texte mit vielen praktischen Übungen, Affirmationen und Meditationen weisen den Weg in eine neue Dimension des eigenen Lebens. Ein Buch für alle, deren sehnlichster Wunsch es ist, rückhaltlos ihre höchste Bestimmung zu leben und ihr ganzes inneres Licht strahlen zu lassen!

Erfolg ist, wenn deine Seele dein Leben berührt

Paramhansa Yogananda

Taschenbuch, 144 Seiten, ISBN 978-3-86616-451-2

Kann es sein, dass es universelle Kräfte gibt, von denen zu träumen wir kaum wagen und die nur darauf warten, dass wir sie uns zunutze machen? Die alten Heiligen und Weisen Indiens sprachen davon, und mit diesen hier erstmals in deutscher Sprache veröffentlichten Texten von Paramhansa Yogananda wird dieses alte Wissen in diesem Buch neu zusammengefasst. Einer der bekanntesten spirituellen Lehrer des 20. Jahrhunderts zeigt geistige Zugänge und praktische Methoden, wie wir Menschen zu unserer wahren göttlichen Natur gelangen und so die uns innewohnenden Fähigkeiten, Talente und Potentiale in ihrer vollkommenen Qualität entfalten und manifestieren können. Dieses Wissen von unschätzbarem Wert kann Ihr Leben von Grund auf verwandeln und auf allen Ebenen der Existenz zu wahrer Fülle und echtem Erfolg führen.

Karma und Wiedergeburt

Paramhansa Yogananda

Taschenbuch, 128 Seiten, ISBN 978-3-86616-463-5

Einem wahrhaft erleuchteten Meister zu begegnen, ist für jeden Menschen, so sagt man, eine große Gnade. Auch wenn Paramhansa Yogananda, der weltberühmte spirituelle Lehrer und Autor von „Autobiografie eines Yogi", körperlich nicht mehr auf dieser Erde wandelt, so sind sein Geist und seine Lehren lebendiger denn je, wie in diesem kleinen Handbuch. Seine Botschaften entstammen aus anderen Sphären und geben uns Antworten auf die essentiellen Fragen des Menschseins: über die wirkliche Bedeutung von Leben und Sterben, von Karma und Wiedergeburt. Unerschütterlich in der Wahrheit ist in jeder Zeile die Strahlkraft und Liebe des erleuchteten Meisters zu spüren, der uns lehrt, freudvoll unser Leben auszurichten, im Vertrauen auf die universellen Gesetze der göttlichen Schöpfung.

Verbinde dich mit deiner inneren Kraft

Paramhansa Yogananda

Taschenbuch, 144 Seiten, ISBN 978-3-86616-472-7

Dieses kleine Buch, das hier erstmals in deutscher Sprache vorliegt, ist ein Juwel spiritueller Literatur, voll strahlender Klarheit, liebevoller Ermutigung und leuchtender Weisheit, ein Reiseführer zum göttlichen Selbst, übermittelt und verfasst von Paramhansa Yogananda, einem der wohl berühmtesten spirituellen Meister des 20. Jahrhunderts. Wer seinen Worten und konkreten Anweisungen folgt, wird lernen, begrenzende Gewohnheiten und innere Einschränkungen zu überwinden und die enorme Kraft des Geistes und der Konzentration zu nutzen, um sein wahres Selbst zu realisieren. Einmalige Meditationstechniken und zeitlose Einsichten weisen den Weg, wie wir unser gottgegebenes inneres Potential voll und ganz erkennen und auszuschöpfen können.

Lachen, der beste Weg zur Erleuchtung

Paramhansa Yogananda

Taschenbuch, 144 Seiten, ISBN 978-3-86616-480-2

Wie befreiend Lachen sein kann, weiß jeder! Um so mehr, wenn wir als spirituell Suchende so ganz ernsthaft die letzte aller Wahrheiten zu durchdringen versuchen und sich alle Anstrengung in einem großen freudvollen Lachen auflöst. Der berühmte Yogananda war ein Meister des göttlichen Humors und viele seiner Schüler wurden von seiner strahlenden Freude, seiner unbeschwerten Fröhlichkeit und seinem tiefgründigen Witz tief berührt. Dass Weisheit und Humor eine wunderbare Kombination sind, davon erzählt dieses Buch, gibt viele mitreißende Episoden und Geschichten wieder, mit denen Yogananda seine Schüler erfreute und manchmal zu wahren Lachanfällen brachte. Sein liebevoller Humor trifft uns alle mitten ins Herz - erhellend, erleuchtend, befreiend und manchmal einfach umwerfend.

Yoga des Yogananda

Klassische Texte und Übungen für heute

Jayadev Jaerschky

Broschur, 352 Seiten, 200 farbige Fotos, ISBN 978-3-86616-442-0

Yogananda gilt als einer der herausragendsten spirituellen Persönlichkeiten des 20 Jahrhunderts. Mit seinem Bestseller „Autobiografie eines Yogi" hat er Menschen weltweit eine ganz neue geistige Dimension des Yoga eröffnet. Dass hier nun erstmals ein vollständiges Handbuch seiner einmaligen Praxis zur Verfügung steht, ist ein großes Geschenk für alle, die den Yogaweg gehen. Denn es verbindet uns mit der Quelle der Weisheit eines erwachten Meisters, dem Yoga immer ein Weg der inneren Befreiung und des tiefen Mitgefühls war. Nichtsdestotrotz sind die Übungen und Meditationen der Energiewahrnehmung und -lenkung, die Affirmationen sowie Positionen und die vielen praktischen Hinweise absolut einzigartig und führen uns, ob Anfänger oder Fortgeschrittene, stets zur unmittelbaren Essenz des Seins.

Die Praxis der Meditation

Auf der Grundlage der Lehre von Paramhansa Yogananda

Alan L. Pritz

Paperback, 272 Seiten, ISBN 978-3-86616-366-9

In diesem Buch wird Meditation als spiritueller Weg begriffen: Es wird gezeigt, wie Bewusstsein und Lebenskraft verfügbar gemacht werden und wie sich die individuelle Seele mit dem Göttlichen vereinen kann. Ausgehend von den Lehren des berühmten indischen Yogis Paramhansa Yogananda wird mit großer Kenntnis die yogische Lebensweise vermittelt, und viele Fragen, die sich zu Beginn der Praxis stellen können, werden von dem Autor, einem sehr erfahrenen Meditationslehrer, kompetent beantwortet. Zahlreiche anschaulich erklärte Übungen zu Körpervorbereitungen, Bewusstseinslenkung, Wahrnehmung und Meditationen machen das Buch zu einer meisterlichen Einführung in die Praxis der Meditation und zu einem großartigen Begleiter auf der eigenen spirituellen Reise.